Was meint Gott dazu, wenn auf seine Früchte Aufkleber kommen? Wie überlebe ich, wenn mir bei der Arbeit Nicht-erst-seit-gestern-Macher, Bestimmer und Chefparkplatzbesitzer auf die Nerven gehen? Warum bleiben Gäste zu lange? Wieso sind CDs und DVDs so saudumm verpackt? In seinen witzig und geistreichen Geschichten geht der SWR3-Kultmoderator Kai Karsten solchen Alltagswidrigkeiten schonungslos auf den Grund!

Kai Karsten gehört zu den außergewöhnlichen Erscheinungen im deutschen Popradio. Statt stromlinienförmig nebenbei hörbar, ist Kai on Air unverwechselbar, spontan und immer überraschend. Seit über zehn Jahren ist er bei SWR3. Hörer kennen ihn als Hollywood-Reporter, als Schreiber zahlreicher Gagserien (»Fergies intime Geheimnisse«, »Akte Nix«, »Klinscamp«) und vor allem durch seine ganz persönlichen Alltagsobservationen: »Lebenskisten« und »SWR3-Kai Karsten Show«.

Unsere Adresse im Internet: www.fischerverlage.de

Kai Karsten

DAS LEBEN IST KEIN LOLLI

Geschichten. Echt.
Aus dem Alltag.

Fischer
Taschenbuch
Verlag

Für die gute Seele
von Hans Uwe Karsten

Originalausgabe
Veröffentlicht im Fischer Taschenbuch Verlag,
einem Unternehmen der S. Fischer Verlag GmbH,
Frankfurt am Main, Juni 2007

Satz: Pinkuin Satz und Datentechnik, Berlin
Druck und Bindung: Ebner & Spiegel, Ulm
Printed in Germany
ISBN 978-3-596-17372-3

DAS LEBEN IST KEIN LOLLI

LIEBER LESERINNEN!

•

ELTERN

• Im Auto 13 • Im Freibad 23 • Kai der Kobold 34

BERUFSLEBEN

• Nicht-erst-seit-gestern-Macher 39 • Der Chefparkplatz 50 • Ein konkretes Beispiel 56 • Kai der Kobold 61

ESSEN

• Essen gehen 65 • Zahlen bitte! 76 • Kai der Kobold 81

NERVENSÄGEN

• Klingeln 85 • Langbleiber 92 • Kartenspielerinnen 97 • Nebensächlichkeiten 108 • Kai der Kobold 111

SCHWIERIG

• Meine gute Freundin Reali 115 • Die Duschwanne 120 • Kai der Kobold 128

KRÄNKLICH

• Männerschnupfen 133 • Zungenklemme 135 • Kai der Kobold 138

IRRTUM

• Ich weiß, dass ich nichts weiß 141 • Geburtstagskinder 148 • Sprechende Autofahrer 158 • Kai der Kobold 162

SOCKENSCHÜSSE

• Der neue Schrank 165 • Die neue Küche 171 • Beim Friseur 180 • Im Supermarkt 185 • Reich werden 188 • Kai der Kobold 191

TECHNIK

• Anklopfen 195 • Voll das scharfe Gerät 198 • DVD-Verpackungen 202 • Rosebud 205 • Kai der Kobold 216

ERLEBNISORIENTIERT

• Nach dem Weg fragen 219 • Tanzen 224 • Weihnachtsgeschenke 229 Kai der Kobold

NOTHELFER

Lieber Leserinnen!

Schon zu Beginn ein Tippfehler. Ist es die Möglichkeit? So was passiert, wenn Radioleute statt reden plötzlich schreiben. Gleich im ersten Wort ein kleines R zu viel. Lieber statt Liebe. Was muss das für ein Autor sein, der Liebe falsch schreibt? Aber nein. Lieber ist korrekt. Es ist die Ehrlichkeit, die mit mir durchgeht. Ich wünsch mir lieber Leserinnen. Nichts ist liebreizender als eine lesende Frau. Kleinen Augenblick! Es geht sofort weiter. Ich wurde gerade gerufen. Nicht weggehen. Bin sofort wieder bei Ihnen, vielleicht lesen Sie einfach so lange was. Eine Tür wird geöffnet. Stimmen sind zu hören. Ein Mann seufzt. Die Tür wird heftig zugezogen. Da bin ich wieder. Haben Sie was gehört? Sehen Sie, ich auch nicht. Schatz meint aber, die Tür müsste dringend geölt werden. Eine quietschende Tür wird mich jetzt aber nicht davon abhalten, diese wahren Geschichten aufzuschreiben. Alles, was Sie jetzt lesen, habe ich so erlebt. Sie vielleicht auch. Um das herauszufinden, darf ich Sie bitten, einfach weiterzulesen. Lassen Sie sich nicht ablenken. Bequem machen, warm anziehen, vor allem die Füße. Kalte Füße sind der Tod für jedes Buch. Entweder Socken oder Sie setzen sich bitte irgendwo hin, wo die Sonne ihre Füße wärmt. Wenn keine Sonne scheint, nehmen Sie einen Hund oder eine Katze oder halten Sie wenigstens eine Decke griffbereit. Ich möchte, dass Sie, liebe Leserinnen, jetzt ganz in Ruhe und ungestört dieses Buch lesen. Gerade noch eine Sekunde, ich werde wieder gerufen. Erneut wird die Tür geöffnet. Stimmen sind zu hören. Es seufzt ein Mann. Eine Tür wird noch heftiger als zuvor zugezogen. Jetzt gibt sie mir eine Flasche Haushaltsöl, damit ich, wenn ich mit dem Buch fertig bin, dran denke, die Tür zu ölen. Wieso liest Schatz nicht einfach mal friedlich ein Buch? So wie

Sie. Kompliment, wie Sie da jetzt so nichts anderes machen, als diesen Zeilen folgen. Multi-tasking-fähig könnten Sie als Frau auch noch 1000 andere Sachen machen. Aber Sie streichen sich nur kurz ein Haar aus dem Gesicht und lesen. Danke. Sie sind eine tolle Frau! Sie sind ein Mann? Ach was? Sie sind ein Mensch, der sich jetzt nur diesem Buch widmet. Sie denken nicht nebenbei an ungeölte Türen und kalte Füße. Ich mag Sie und möchte Ihnen was erzählen. Das Leben ist kein Lolli.

ELTERN

L
B
E
N
S
K
I
S
T
E
N

Im Auto

»Vorsicht auf der A8, Stuttgart Richtung Karlsruhe, beim Dreieck Leonberg Gefahr durch einen Fernseher auf der Fahrbahn.« Ein schwerer LKW – und es wird ein Flachbildschirm. Ha, ha. »Vorsicht auf der A5, Basel Richtung Karlsruhe, zwischen Bühl und Baden-Baden Gefahr durch Schafe auf der linken Spur.« Muss das nicht heißen, Schafe hinterm Steuer? Ha, ha.

»A5, Frankfurt Richtung Basel, zwischen Rastatt und Bühl Behinderungen durch Baumfällarbeiten, zehn Kilometer Stau.« Das ist meiner! Gefühlte Länge ist übrigens nicht zehn Kilometer, sondern mindestens 951 Kilometer. Wenn Ihnen Zahlen nicht gefallen, das entspricht der Strecke von Bühl/Baden bis Campingplatz Südfrankreich. Wieso sind eigentlich Baumfällarbeiten und Ferienbeginn immer am selben Tag? Wieso gibt es da keine Absprache zwischen Kultusministerium und Bäumen? Oder telefonieren die vielleicht doch miteinander? »Also, unsere Schüler werden meistens samstags von ihren Eltern in die Ferien gefahren.« »Mir doch egal, ich lass mich samstags fällen.« Bäume können ja so egoistisch sein – und im Stau stehende Autofahrer einsam. Schatz hatte noch gesagt: »Geh bloß nicht auf die Autobahn, da ist die Hölle los.« Entschuldigung! Nur Volldeppen gehen auf die Autobahn. Wir wollen fahren oder wenigstens rollen! Aber es geht nicht weiter. Ständig die Durchsagen aus dem Verkehrszentrum zu kommentieren, macht alleine keinen Spaß. Kind müsste man noch sein, dann würde mir jetzt nicht der Fuß auf der Bremse einschlafen. Ach ja, die goldenen 80er Jahre auf dem Weg nach Südfrankreich. Das Kind thront auf der Rückbank eines Fiat Ritmo und ruft: »Wann sind wir endlich da?« Kaut den schlechten Geschmack von zu viel Zigarettenrauch und sieht zu, wie Mami die Zigarette anraucht und dem konzentrierten Fahrer in den Mund steckt. Baumfällarbeiten gibt es nicht.

Die Bäume sind erst gepflanzt worden. Stau gibt es, denn die A5 ist noch zweispurig. Und eine glückliche Familie vertreibt sich die Zeit im Stau.

»Will noch jemand ein Schnitzelbrot?«

»Mami, ich hab Durst.«

»Schluck Spucke.«

»Mami, der Papi ist gemein.«

»Der Papi soll vor allem nicht so viel beim Fahren reden.«

»Ich rede so viel wie ... Scheiße ...«

»Du sollst nicht vor dem Kind fluchen ...«

»Mir ist die Zigarette runtergefallen, hilf mir doch, verdammt nochmal.«

»Mami, warum greifst Du dem Papi zwischen die Beine?«

»Sei ruhig, oder du kommst ins Kinderzimmer.«

Solche Unterhaltungen lassen dich jeden Stau vergessen. Und plötzlich bist du doch froh, allein im Auto zu sitzen. Nimmst die Coladose aus dem Getränkehalter, prostest deinem alten Herren im Himmel zu und merkst, warme Cola im Getränkehalter schmeckt wie Spucke. Da setzt ein Minivan zum Spurenwechsel an. So was lässt man gerne einfädeln, denn diese Menschen haben es schwer, diese Menschen haben Kinder. Leider behalten sie ihr Handicap nicht für sich oder signalisieren es bescheiden mit einer Armbinde und drei Schnullern drauf. Es muss geprotzt werden mit einem Fruchtbarkeitsaufkleber auf der Heckscheibe. »Baby an Bord!« Wieso eigentlich »an Bord«, ein Minivan ist doch kein Flugzeug. »Verehrte Fluggäste, die Passagiere in der zweiten Reihe wurden alle vom Piloten persönlich gezeugt.« Wenn, dann bitte die Aufkleberaufschrift korrekt. Auch wenn es Platz kostet: »Baby im geleasten Bus, dessen Anzahlung nur möglich war, weil Schwiegeromi was dazugegeben hat!« So viel Zeit muss sein, Poser-Papi! Leider gibt es aber nur den Baby-an-Bord-Aufkleber, und der hat bestenfalls einen roten Warnrand drum rum. Soll das eine ernst gemeinte Warnung sein? »Abstand halten, auf der Rückbank dieses Fahrzeugs entsteht ein Leibeswind, der Heckscheiben schmelzen lässt.«

Keine Zeit zum Nachdenken, denn wie aus dem Nichts will da noch ein Minivan im Stau drängeln. Diesmal mit dem schlimmsten Autoaufkleber aller Zeiten. »Vanessa on Tour.« Ja, das Leben ist kein Lolli. Jahrelang hat es mich schon nicht interessiert, dass da überhaupt ein Baby an Bord war, und jetzt drängen sie mir auch noch den Namen von dem Rücksitzbeschmutzer auf. Warum tun Eltern das? Soll wahrscheinlich Service sein. Früher konntest Du nur dicht auffahren und rufen: »Saftnase, das Gas ist rechts«, und nun ist es möglich, die Lippen zu schürzen und zu rufen: »Vanessa, hättest du die Güte, dich aus deinem Maxi Cosi abzuschnallen und durch den Bus nach vorne zu krabbeln, damit du deinem Papi sagen kannst, der Onkel hintendran hält Papi für einen Volltrottel!«

Früher dachte ich, Eltern kriegen Kinder – Hormone und so – da klebt schon mal Schwachsinn auf der Scheibe, wird sich schon wieder legen. Von wegen! Diese Vanessa on Tour ist doch sicher schon drei.

Eltern werden fortan das gesamte Leben ihres Kindes nicht mehr in Dias und Videos, sondern in Heckscheibenaufklebern dokumentieren. Wenn Kevin acht wird, steht hinten drauf: »In diesem Auto hat alle fünf Minuten ein Kind Durst.« Wenn Laura pubertiert, klebt hinten drauf: »Nicht hinsehen, meine Tochter hat sich die Haare pink gefärbt« und wenn Thorben selbst den Führerschein hat, dann hängt an der Heckscheibe: »Bitte nicht klopfen, mein Sohn versucht gerade in Vaters Auto die Jungfräulichkeit zu verlieren!« Und was das bedeutet, wissen wir alle: Mehr Kinder, nein – mehr Autoaufkleber!

Verzeihung, so ist das allein im Stau. Da fallen einem all die kleinen Dinge auf, die in ihrer Summe dafür sorgen, dass die

Welt jeden Tag schneller auf ihr Ende zurast. Bei der erhöhten Geschwindigkeit wird es auch bleiben, außer es kommen ein paar Baumfällarbeiten dazwischen.

Wieso sind die anderen Kinder aus den 80ern nur so geworden? Was haben deren Eltern nur geraucht? Moment mal, kiff ich? Im Minivan vor mir, der mit dem Strichmännchen-Aufkleber mit Namen drunter, da hängt zwischen Vorder- und Rücksitzen ein Bildschirm von der Decke! In die Ferien fahren und fernsehen! Geht's noch? Der Sinn vom Wegfahren ist, dass Kinder mal was anderes sehen. Wir hatten in den Sommerferien immer absolutes Fernsehverbot. Weil fernsehen schädlich ist! Doch jetzt hocken da vorne kleine Kreaturen auf der Rückbank, und statt endlich mit 130 weitergefahren zu werden, glotzen sie »Findet Nemo« zum 180. Mal. Soll das etwa besser sein als früher, als wir aus der Heckscheibe guckten und den anderen Autos zuwinkten? Was war falsch daran? Meine Eltern fanden das toll, bis auf dieses eine Mal, als ich das Schild hochgehalten habe mit der Aufschrift: »Holt mich hier raus, ich ersticke.«

Ein Bildschirm im Minivan! Da wird der Nachwuchs aber mal wieder so was von unnötig verwöhnt. Wobei es ein Quell der Freude sein würde zu sehen, wie Papi, der ursprünglich nur bis zum Gardasee wollte, weiterfährt bis Gibraltar, weil die Kinder noch alle Teile von »Herr der Ringe« fertig gucken wollen. Dann würden auch endlich die Kinder entscheiden, wo es hingeht – nicht so wie früher, als wir unter Vortäuschung falscher Ferienziele in Fahrzeuge der unteren Mittelklasse gelockt wurden.

Jeden Sommer hieß es: »Fernseher aus, einsteigen!« Beim Einsteigen wurde immer behauptet, es gehe nach St. Tropez, und möglicherweise treffen wir dort sogar Louis de Funès, den Gendarm von St. Tropez. Erst mit diesen Aussichten habe ich mich jeden Sommer vom Bettpfosten losgemacht, an den ich mich immer am Abreisetag gekettet hatte. Wäre ich doch bloß zu Hause bei unserem Fernseher geblieben.

Gecampt haben wir nämlich immer 14 Tage in Le Lavandou, weil das ja genau das Gleiche wie St. Tropez ist. Mag sein. Bildschirm von der Decke ist aber sicher nicht vergleichbar mit zehn Stunden auf der Rückbank mit Bruder. Da präsentieren die Eltern von heute also Unterhaltung in Widescreen. Meine Mutter hat immer nur gesagt: »Schau doch ein bisschen aus dem Fenster!«

Haben Sie schon mal Mitte der 80er aus dem Fenster geguckt? Kein Spaß! Da brannte die Sonne anders, als wenn du dich hinter der Tigerentensonnenblende verstecken kannst. Überhaupt, die Tigerentensonnenblende! Die Bildschirme von der Decke werden auch wie eine Seuche über alle Autos herfallen. Heute im Minivan, morgen im Smart. Bitte, sollte es Bildschirme schon für den zusammenfaltbaren Buggykinderwagen geben – ich möchte es nicht wissen. Der Mensch muss es eben immer übertreiben. Es reicht doch, dass Kinder inzwischen in Bussen fahren, deren Rückbank doppelt so groß ist wie unser Vier-Mann-Zelt auf dem Campingplatz in Le Lavandou. Das ist wie mit der Autobahn. Warum nicht einfach die acht Spuren hinbauen, und gut ist? Nein, irgendein Volldepp sagt, da pflanzen wir schön rechts und links ein paar Bäumchen. Deshalb haben wir jetzt Baumfällarbeiten und Stau! Das mit dem Bildschirm im Bus bleibt auch nicht ohne Folgen. In Zukunft werden Kinder mehr und mehr fordern. Das dauert aber keine zehn Jahre, und du kriegst kein Kind mehr auf den Rücksitz, wenn es da keine Hüpfburg gibt. Selbst in Flugzeuge steigen Kinder nur noch, wenn der Airbus auch garantiert einen Freizeitpark hat, mit Internetanschluss, versteht sich. Mein Herz rast, was man von meinem Auto nun wirklich nicht behaupten kann. Am Seitenstreifen jault immer noch die Kettensäge der Baumfällarbeiter. Keine Sorge, die Kinder kriegen davon in ihrem Bildschirm-Minivan nichts mit.

Hab gesehen, sie tragen Kopfhörer. Ob Mami auch alle zwei Stunden als Saftschubse arbeitet und einen Wagen mit Erfrischungen und Eiskonfekt an der Rückbank entlangrollt? »Kai, du bist doch nur neidisch«, höre ich mich laut sagen. Laut mit sich selbst beim Autofahren reden, ist das Schlimmste, was Autofahrer tun können, wie Sie später noch in einem anderen Kapitel dieses Buches erfahren werden. Bleiben wir beim Bildschirm und auch selbstkritisch. Vielleicht ist es wirklich nur Neid und nicht meine Sorge, dass das schädliche Fernsehen die zukünftigen Rentenzahler frühdebil macht. Nur weil wir als Kinder maximal ein Daumenkino hatten, muss es doch möglich sein, dem Nachwuchs von heute ein läppisches DVD-Vergnügen zu gönnen.

Damals war die Zeit für technische Errungenschaften einfach noch nicht reif. Ich selbst wollte mal meinen Plattenspieler auf die Fahrt nach Südfrankreich mitnehmen. Es wäre ein bisschen eng geworden, aber wir hätten schön im Stau gestanden und Winnetouplatten gehört. Im Stau hüpft nämlich die Nadel nicht. Ja, ich hatte an alles gedacht, sogar an Strom. Obwohl mein Vater gesagt hatte, die Fahrt ist ganz kurz, hatte ich sogar ein ganz langes Verlängerungskabel besorgt. Leider durfte ich den Plattenspieler dann doch nicht mitnehmen, weil der Platz gebraucht wurde für drei Stangen Zigaretten. So schwer haben es die vor mir auf den Bildschirm starrenden Kinder natürlich nicht. Wobei, die Kommunikation zwischen den Generationen ist noch dürftiger geworden. Bedenklich, wir haben als Kinder immer gewusst, dass wir in den Urlaub fahren müssen, weil Papi mal abschalten muss. Der Abteilungsleiter von Papi ist, so haben wir aus dem Gebrüll am Steuer schließen können, ein nichts blickender Schwachmat, der genauso doof ist wie die holländische Arschgeige, die da vorne nicht Auto fahren kann.

Kinder von heute kennen das Arbeitsumfeld ihrer Eltern gar nicht. Das hemmt. Wenn die Kleinen am Urlaubsort zufällig den Arbeitskollegen von Papi treffen, da reicht es bestenfalls für ein kurzes Hallo. Ich konnte damals sofort auf ihn zugehen und

Konversation machen. »Sie nichts blickender Schwachmat fahren sofort wieder nach Hause, mein Vater braucht Erholung.«

Es sind dann wahrscheinlich gar nicht die Kinder, die unbedingt einen Bildschirm wollen, sondern die Erwachsenen. Nur damit die Rückbank nicht mitbekommt, wie gestresst der Fahrer ist. Als Kinderloser muss ich da schon mal fragen dürfen: Moderne Eltern, macht Ihr es Euch da nicht ein bisschen einfach? Wahrscheinlich ist der Minivan vor mir mit dem Bildschirm nur ein Einzelfall. Keiner kann sich solchen technischen Kram wirklich leisten. Sofort nehme ich mein Handy, um Sicherheit zu bekommen. Eine befreundete Mutter mit drei Kindern. Als ich sie anrufe, wickelt sie gerade zwei der Kinder, bringt gleichzeitig das dritte zum Tennis und kann telefonieren, »hab ja Freispreche«. Eine Freispreche funktioniert in meinem Auto nicht. Sie installieren Riesenflachbildschirme in Autos, aber an einem kleinen Telefon, da scheitern sie!

»Es gibt Schlimmeres«, meint Multitasking-Mutti. Sie kennt also schon diese neuen elektronischen Kindermädchen für die Rückbank. Beruhigend, dass sie meinen Protest teilt. Hätte mir Sorgen um mein Patenkind gemacht. »Der Junge«, verspreche ich, »bekommt die nächsten Tennisschuhe von mir. Vielleicht kaufe ich ihm auch noch einen Holzschläger. Damit hast du ein ganz anderes Ballgefühl. Björn Borg hat Wimbledon fünf Mal mit einem Holzschläger gewonnen.« Beim Gedanken an mein wohlgeratenes Patenkind beginne ich, mich zu beruhigen. Dann fragt Mutti, ob ich meinem Patenkind nicht doch besser ein Tony Hawks Skateboard schenken will.

Kein Problem, ein Skateboard. Wir sind jahrelang Skateboard gefahren als Kinder. Skateboards sind viel besser für die Umwelt. Vielleicht, so überlege ich, sollte ich dem Jungen noch einen leeren Swimmingpool dazu schenken. Wir hatten damals nie einen leeren Swimmingpool so wie die Skateboarder in Kalifornien. Ein Skateboard Videogame für seine Spielkonsole, erklärt mir Mutti. Dann beiß ich ins Lenkrad.

»Weißt du, wenn wir mit den Kindern unterwegs sind, haben wir immer ein Portable Rear Seat Entertainment System dabei. Die spiegeln auch nicht so wie die Deckenbildschirme.«

Als sie mir noch erzählt, dass die Zeit im Auto viel schneller rumgeht, kann ich erst mal nicht weitersprechen. Einerseits wegen eines aufsteigenden Weinkrampfes, mit dem ich den Untergang der westlichen Zivilisation beweinen möchte, und weil es geklopft hat. Nicht im Handy, sondern am Fenster. Ein Streifenpolizist möchte: »Führerschein und Fahrzeugpapiere.« Dann fragt er, ob ich mit einer Verwarnung von 40 Euro und einem Punkt in Flensburg einverstanden bin. Selbstverständlich, Herr Kommissar! Das ist genau das, was Eltern, die ihre Kinder auf dem Rücksitz vor Bildschirme setzen, bekommen sollen! Weiter so. Jetzt geht es endlich aufwärts in diesem Land. Verhaften Sie den Mann da vorne in dem Minivan. Ich halte solange eine ehemals befreundete Mutter mit drei Kindern hier am Telefon fest. Sie werden es nicht für möglich halten, die lässt mein Patenkind sogar Videospiele im Auto machen! Vielleicht sollten wir schon mal das Jugendamt mit dem Hubschrauber vorausschicken.

Der Beamte reicht mir meine schriftliche Verwarnung für »im Auto telefonieren ohne Freisprecheinrichtung«, lässt eine Gasse bilden und rast davon.

Die Mutter ist noch am Telefon und sauer. Ob ich noch alle Knöpfe auf der Fernbedienung hätte.

Immer neidisch auf das Glück der anderen, sei ich zu blöd, um zu begreifen, dass sich die Welt weiterentwickelt. Nur weil ich keine so tolle Kindheit hatte wie die Kinder von heute, würde ich mich so aufführen. Das Problem ist doch nicht, wo die Kinder gucken, sondern was. Nichts sei schlimmer als Kinder, die sich im Auto so sehr langweilen, dass sie völlig schwachsinnig den anderen Autofahrern zuwinken. Aber… »Hör mal, du bist wie ein schlecht erzogener Achtjähriger, dem seine Eltern versprechen, es geht nach St. Tropez und dann fahren sie aber nur ins poplige Le Lavandou. Aber so schlecht ist die Welt nicht.«

Mit einem beherzten: »In Le Lavandou gibt es auch schöne Ecken«, beende ich die Diskussion. Die Baumfällarbeiten sind noch immer nicht beendet. Vor mir steht der Minivan mit den Bildschirm-Blagen. Was gucken die denn da eigentlich? Irgendwas mit blauem Himmel und Meer. Das ist ja das Schlimme. Kaum hast du so einen Bildschirm in einem anderen Auto entdeckt, willst du unbedingt wissen: Was gucken die? Nicht, dass einen immer interessiert, was andere Menschen machen. Es geht wirklich nur um den Film. Jetzt sieht man außer Meer auch noch einen Strand. Es ist auf alle Fälle ein Spielfilm. Immerhin. Glücklicherweise müssen die Kinder nicht ständig Zeichentrickfilme gucken. Nun kommt der Hauptdarsteller. Ein kleiner Mann in Polizistenuniform springt heftig auf und ab. Choleriker. Leute gibt's. Augenblick. Das ist LOUIS DE FUNÈS als Ludovic Cruchot! Da vorne in dem Minivan gucken sie Louis de Funès – »Der Gendarm von St. Tropez!« Das ist doch schon so gut wie ein Urlaub an der Côte d'Azur. Vielleicht lässt mich diese moderne nette Familie ja mitgucken. Platz ist ja in dem Minivan. Ich brauch auch keinen Kopfhörer. Kann die Dialoge ja auswendig. Bin ganz still. Fragen kostet nichts. Die sind sicher nett. Vielleicht werde ich adoptiert und bekomme meine eigene Playstation. Schnell springe ich aus dem Auto, gehe auf der Autobahn …

Als ich Stunden später im Krankenhaus aufwache, erzählen sie mir, dass ich kurz nach dem Aussteigen von einem herabfallenden Ast getroffen wurde. Schatz sitzt an meinem Bett und meint: »Ich hab dir doch gesagt, du sollst nicht auf die Autobahn gehen. Was wolltest du denn da überhaupt? Ein total netter Familienvater hat gesagt, du hättest auch an seine Scheibe geklopft.« Hab ich? »Guck mal, die haben dir eine von ihren Videokassetten dagelassen. »Das ist eine DVD. Louis de Funès – ›Der Gendarm von Saint Tropez.‹ Na ja, für die Kinder wäre ein Zeichentrickfilm sicher besser geeignet.« Dann will sie mich zudecken und gehen. Ich würde gerne Louis de Funès gucken, aber jemand hat den Fernseher aus meinem Einzelzimmer geklaut. »Den hab ich extra wegbringen lassen«, sagt Schatz. »In deinem Zustand ist fernsehen wirklich das schädlichste.«

Im Freibad

•
•
•

12 Uhr Mittags. 34 Grad. Das Leben ist kein Lolli! Jetzt muss alles ganz schnell gehen. Die Klimakatastrophe ist da, und wer nun planlos im Freien rumrennt, schmilzt. Hier ist der Plan, und er wird auch umgehend mit Routine und sogar eiskalt umgesetzt: Fenster auf Kipp. Rolläden runter. Fußwanne vor die Couch. Ventilator auf Stufe zwei. DVD mit »Baywatch« reinschieben. Plasma-Fernseher an. Der Strand von Malibu erhellt das im totalen Schatten liegende Wohnzimmer, Rettungsschwimmerinnen laufen in Zeitlupe auf mich zu. Der Sommer ist da! – und nichts wird mich davon abhalten, ihn zu genießen.

Piep – Piep – Piep. Bitte lass das Handy im Badeanzug von Pamela Anderson klingeln. Nein, die Charakterdarstellerin läuft immer noch in Zeitlupe und in 16 zu 9 auf mich zu, hält dabei nur eine Rettungsboje fest und in ihrem Badeanzug vibriert eine ganze Menge – nur kein Handy. Wahrscheinlich hatten die damals noch gar kein Handy. Es ist mein Telefon, das da klingelt. Wenn ich nicht drangehe, denke ich die ganze Zeit darüber nach, wer angerufen hat. Spricht der Anrufer auf die Mailbox, rufe ich sofort zurück. Spricht er nicht drauf, weiß ich nicht, wer angerufen hat, und werde wahnsinnig.

»Kommst du mit schwimmen?«, lautet die lächerliche Frage der Anruferin. Es ist die Frau meines ehemals besten Freundes – sie haben jetzt ein gemeinsames Kind. Mein Freund ist nicht da, und sie will nicht allein mit dem Kind schwimmen gehen. »Da wirst du immer von irgendwelchen Typen in zu engen Badehosen angemacht!«

»Ich schwimme nicht.« Sollte reichen als Absage.

»Du musst ja nicht ins Wasser gehen, nur mitkommen, damit ich mit Yolanda nicht allein rumsitze.«

Yolanda ist fünf, sieht aus wie der nordkoreanische Staatspräsident in kürzer, hat aber den gleichen Charme. Sie ist eine von diesen reizenden Töchtern, die dich mit zusammengekniffenen Augen zur Begrüßung »Vollblöd-Sacknase« nennen dürfen.

Dann verwarnt werden, weil wir doch gesagt haben, dass wir den Kai nicht mehr »Doof-Arschi« nennen wollen, und selbstverständlich bei jedem so sind, den wir gut kennen und vor allem mögen.

Bei Fremden ist Yolanda anders. Blond, blauäugig, redselig. Als sie neulich allein mit Mutti im Schwimmbad war, hat sie rumerzählt, dass sie und Mami seit einem Jahr allein sind, weil Papi im Amazonas beim Goldschürfen umgekommen ist. Zwar hätten sie fünf Millionen, aber Mami sagt immer, sie braucht dringend Sex.

»Bitte komm mit, ich will nicht nochmal mit Flip Flops um mich schmeißen müssen.«

Fast habe ich Mitleid, weil ich auch an den armen Anmacher denke, den sie neulich mit voller Kühltasche am Fuß ins Tauchbecken geworfen hat.

»Bin leider schon vergeben«, sage ich und drehe den Surroundsound von Baywatch lauter. Yolandas Mutter glaubt mich an einem See, die Mutter und das Monster gehen aber lieber in Schwimmbäder. Als plötzlich eine Stimme ruft: »Mitch, komm schnell, drüben in Zuma Beach sind Haie«, fliegt meine perfekte Tarnung auf.

Leider ist die Welt nicht reif für vernünftige Erwachsene, die bei über 30 Grad im Hochsommer einfach zu Hause bleiben dürfen. Wer zum Zweck der Abkühlung einfach nur sehen möchte, wie das so war, damals bei 28 Grad, ist gleich ein Mitleid erregender sozialer Außenseiter, Sonderling, Stubenhocker. Ja, die Frau und das Kind meines Freundes schämen sich, mich überhaupt zu kennen.

Trotzdem beende ich den Anruf und sehe zu, wie Mitch Buchannon hübsche, vom Hai gejagte Ertrinkende Mund zu

Mund beatmet. Die Welt kann so friedlich sein, denke ich, als Yolandas Mutter und Yolanda nun im Minutentakt mein Handy belagern. Anrufe, Kurznachrichten: »Hey, Vollblöd-Sacknase, bist ein Stuhockarschi. LG Yo.«

Zufrieden sehe ich auf meine runtergelassenen Rollläden. Hier drinnen ist Sicherheit, da draußen toben Fünfjährige, die nicht schreiben können, aber trotzdem simsen.

Als nächstes ruft Yolandas Vater an. »Freund, du kannst doch nicht bei dem Wetter in deiner Wohnung hocken. Das lassen wir nicht zu, meine Familie wartet schon vor dem Haus, und du wirst jetzt runtergehen, und dann geht ihr schwimmen.«

Was willst du da machen? »Baywatch« wird ausgeschaltet, die Füße abgetrocknet. Socken und Schuhe angezogen, genauso wie Mütze und Jeans. Lange Jeans! Ich trage keine kurzen Hosen.

Der Freund ruft wieder an: »Meine Frau steht vor deiner Wohnung und hat eine von meinen kurzen Hosen für dich dabei.«

Tatsächlich, sie steht vor der Tür. Tochter und kurze Hose stolz im Schlepptau. »Das ist so schön, dass du doch mitkommst«, sagt die Frau meines Freundes. Um die Hüften trägt sie ein durchsichtiges Tuch, dazu ein dünnes Bikinioberteil. Sehr dünn, wie ich merke, als sie mich umarmt. Im Sommer umarme ich nicht.

Weil ich die kurze Hose anziehen soll, bitte ich die Damen, mein Zuhause zu verlassen. Keine Reaktion, also schließe ich mich kurz im Badezimmer ein.

»Hast du eine Badehose?«

»Ich schwimme nicht.«

Wenige Minuten später fahren Mutti, Yolanda und Stachelbeer-Bein-Arschi-mit-Socken zum SCHWIMMBAD.

»Warum nicht lieber an einen Fluss?«

»Zu verseucht!« – Ach, und was ist mit dem Sonnenmilchgehalt im großen Becken?

»See?«

»Zu überfüllt.« – Äh, im Bad siehst du die Liegewiese vor lauter Leuten nicht.

»Meer?«

»Zu weit.« – Stimmt, und außerdem zu teuer.

»Ich hasse Schwimmbäder!«

»Ist doch egal, du schwimmst ja nicht.«

Sie findet keinen Parkplatz, und das die nächste halbe Stunde. Schließlich parken wir in Sichtweite – nein, nicht vom Schwimmbad, sondern von meiner Wohnung. Es wird gelaufen. Mutter trägt das Kind. Ich das Kinderzimmer. Warum müssen Kinder, wenn sie schwimmen gehen, all ihre Spiele, Bücher und ... sind das wirklich Schlittschuhe?

»Yolanda hat so eine Phase.« Das Kind hat einen Film über die Klimakatastrophe gesehen, da war es erst sehr heiß und dann ganz plötzlich kalt. Deshalb nimmt sie jetzt überall ihre Schlittschuhe mit. Gute Idee, wenn von einer Sekunde auf die andere das Schwimmbecken zufriert. Yolanda dreht die erste Runde auf Schlittschuhen im Bikini und mit Plastiknudel in der Hand. Wir erreichen die Kasse.

Mutter und Kind zahlen gemeinsam nicht halb so viel wie der alleinstehende Erwachsene mit den »sind das wirklich Schlittschuhe?«. Der Rentner hinter mir, ehemaliger Beamter, Erbe von zwei Mehrfamilienhäusern, kommt für 50 Cent rein. Denkt denn keiner mit? Opi schwimmt jeden Tag zwei Bahnen für 50 Cent! Das hält ihn so gesund, der stirbt nie. Wenn Yolanda 20 ist, zahl ich noch dessen Rente und Yolandas Bafög. Am besten einfach weiter geradeaus laufen und den Tod im Tauchbecken suchen. Dafür muss aber erst das Drehkreuz überwunden werden. Aus dem Augenwinkel erkenne ich, wie Jugendliche rechts und links vom Gitter lässig über kniehohe Zäune hüpfen, um Eintrittsgeld zu sparen. Oder machen sie das gar nicht aus Geiz, sondern weil sie nicht – wie ich jetzt – zwischen den Hochsicherheitsgitterstäben eingeklemmt sein wollen. Als die noch nicht verrostet waren, sprich gebaut wurden, verkündete der Architekt stolz, dass garantiert keiner reinkommt, ohne die 40 Pfennig Eintritt bezahlt zu haben. Dann wurde schnell klar, das Geld, um das Schwimmbad einzuzäunen, ist alle, und seitdem kommen die meisten durch die Büsche rein. Nur unsereins bezahlt für einen Erwachsenen ohne Kind – acht Euro!

»Schuhe aus!«, brüllt mich Yolanda an. Vor uns hat plötzlich der Weg aufgehört, und der Volldepp, der damals die Hochsicherheitsdrehtür gebaut hat, nervt nun mit einem Planschbecken, das exakt so breit ist, dass du nicht drüberspringen kannst.

Alle anderen laufen mit nackten Füßen durch die Soße. Hat sich die Menschheit aus dem Altertum bis ins 21. Jahrhundert vorgearbeitet, um barfuß zu laufen? Moses, bitte teile den Strom, damit ich meine Schuhe nicht ausziehen muss. Schuhe anlassen sei im Schwimmbad voll eklig, erklären mir Mutter und Kind. In der linken die Socken, in der rechten die Schuhe, zwischen den Zähnen den Seesack mit Yolandas Sachen, zwinge ich meine sensiblen Füße durchs eiskalte Becken.

Mutter und Kind sind längst auf der Suche nach einem Platz. Gut voll heute. Wir haben die Wahl zwischen platt gelegener Wiese in den Bereichen zu viel Sonne, zu nah am Wasser, zu weit weg, zu laut, zu leise, zu viele Ameisen. Wo wäre es am besten? Zu Hause?

Irgendwann wird der Kram einfach hingeschmissen. Decke ausgebreitet, hingesetzt – Mutti muss jetzt erst mal eine rauchen. Auf der Wiese, die Asche in eine halbleere, schon warme Coladose – es sei mir hier ein »voll eklig« erlaubt. Yolanda wird jetzt startklar gemacht. Flossen, aufblasbarer Delphin, zwei Nudeln ... Schwimmflügel, Luftmatratze. Soll das Kind vom Hochhaus geschubst werden? Das ist die Ausrüstung fürs Planschbecken?

Gemeinsam beobachten wir, wie das Kind eingehüllt in aufgeblasenem Plastik in Richtung Planschbecken rollt. Die Hitze flimmert. Die Augen werden müde. Da plötzlich Brüste. Überall. Brüste. Wo du hinguckst. Einfach so. Nackt, bedeckt, auf alle Fälle GROSS. »Reg dich nicht auf, das ist jetzt Mode«, erfahre ich von Mutti. Bitte? »Ja, früher hatten sie alle ein Tattoo überm Arsch, jetzt lassen sie sich Plastikmöpse machen.«

Mir wird schlecht. »Ich würde die ja so gern mal anfassen!« – Sofort Mund zu … halten – hab ich das gesagt? Himmel, meine Hormone spielen in der Hitze verrückt. Moment, merke gerade, es war Yolandas Mutter. Erschütternd.

Da sitzt du im Hochsommer auf einer Schwimmbadwiese, in kurzen Hosen, mit nackten Füssen, neben einer Mutter, die gerne die Brüste einer fremden Frau anfassen möchte, dabei in eine warme Cola-Dose ascht und jetzt auch noch mit dem Fuß wippt. »Hallo?« – Sie hört nicht, weil der mp3-Player zu laut ist. Und wer passt aufs Kind auf? Für einen kurzen Moment entstöpselt Mutti gnädig ein Ohr, erklärt mir, wie wichtig es ist, dass Yolanda in ihrer Sozialisierungsphase selbst Grenzen erkennt. Kann es vielleicht sein, dass du einfach nur zu …, noch bevor das Wort FAUL an ihr Ohr dringen kann, säuselt Robbie Williams »Feel« in ihr Ohr, und Mutti ist ganz weg. Wieder mal stellt sich die Frage: Warum werden Erwachsene mit ohne Kind steuerlich mehr belastet als Erwachsene, die zwar Kinder auf die Welt bringen, sich aber dann nicht um sie kümmern? Ein toller dunkler Gedanke, der in Sekundenschnelle düstere Schatten vorm geistigen Auge aufziehen lässt – doch da steht schon ein echter Schatten über unserm Badetuch. Eine fremde Mutter bringt Yolanda zurück.

»Passen Sie mal besser auf Ihr Kind auf.« Noch bevor ich die Vaterschaft vehement zurückweisen kann, versteckt sich Yolanda hinter mir und klammert sich an mich. Wie unangenehm. Aber sicherlich verständlich. Höchstwahrscheinlich wurde Yolanda vom Kind der vor mir stehenden Person übelst getunkt. Toll, wir haben einen Notfall, und Mutti hört weiter mit geschlossenen Augen den überzeugten Junggesellen Robbie Williams. Vielen Dank. Vor mir steht eine böse, unendlich große, muskulö… oder ist das etwa das bereits beschriebene Silikon … Wie auch immer, sie steht nass im getigerten Bikini und bedauerlicherweise breitbeinig vor uns. So breit, dass du zwischendurch die Sonne sehen kannst, wenn nicht gerade wieder ein Tropfen von der Bikinihose rinnen würde.

»Sie brauchen gar nicht so zu gucken«, schimpft sie, und gerade, als du sicher bist, dass das der schlimmste Schwimmbad-Moment deines Lebens ist, ruft sie laut: »Ich lass mir doch nicht in die Titten kneifen.«

Sie dreht wütend ab. Umliegende Blicke versuchen, mich zu töten. Yolanda kichert, entstöpselt das Ohr von Mutti und erzählt stolz, wie sich die Gummidinger anfühlen.

Danke, das reicht, jetzt einfach nach Hause gehen und »Baywatch« … nein, irgendwas anderes gucken. Auf alle Fälle weg hier. Geht nicht, das Kind kann nicht mit nassen Haaren ins Auto.

Na gut, dann vielleicht was essen. Mutti hat fürs Kind und sich jeweils einen Apfel. Sie wussten ja nicht, dass ich mitkomme. In etwa 100 Meter Entfernung steht ein Kiosk. Nur zwei Meter entfernt beginnt vor uns die Schlange. Clever warte ich, bis sich meine Begleiterinnen gestärkt haben, und murmle beim Aufstehen kurz: »Soll ich euch was mitbringen?«

»Zwei große Eis, so eine Kette, die man essen kann, Weingummi, eine Leckmuschel, kalte Cola, heiße Würstchen.«

»Ja sonst noch was?«

»Wenn sie haben, Mohrenköpfe.«

Für die nächste halbe Stunde stehe ich in der Schlange und lerne auswendig. Zwei große Ketten, nein Eis – zum Essen – klar mit Weingummigeschmack, Leckcola und Würstchenmuschel. Nochmal nachfragen kostet mindestens 20 Plätze in der Schlange, stelle ich fest, als ich wieder am Ende anfange. Bis ich dran bin, bete ich eine Ewigkeit meine Version des lichtreichen Rosenkranz: Kiosk, der du mir zwei große Eis gibst. Kiosk, der du Ketten zum Essen verkaufst. Kiosk, der du Leckmuschel und Weingummi offenbarst. Kiosk, der du hoffentlich kalte Cola und heiße Wurst bietest – und nicht wieder umgekehrt.

»Tolle Idee, was«, prahlt der Typ vor mir, als er dem Männchen im Kiosk stolz seine Einkaufsliste vorliest, die er vorher im Handy einprogrammiert hat.

Dann bekommt er auch noch eine SMS mit Nachbestellungen.

»Was darf's sein?«, fragt das Männchen mich dann endlich.

Schnell beginnt meine Antwort, und hoffentlich unterbricht er jetzt nicht: »Kiosk, der ähm. Ich hätte gerne zwei große Eis, so eine Kette, die man essen kann …«

»Was für Eis? Dolomiti, Flutschfinger, Ed von Schleck, Brauner?«

Danke, alles gelöscht. Das Männchen zeigt Mitleid und Sachverstand. Er fragt, mit wem ich da sei. Mutter und Kind. Sind Sie der Vater? NEIN. Gut, dann einmal die »Der-Onkel-zahlt Tüte«. Als ich reingucke, ist alles da, außer meine Leckmuschel. Männchen meint für Leckmuschel sei ich eigentlich zu alt. Ich bestehe drauf und merke, ich bin nicht zu alt – das Ding kostet zwei Euro –, ich bin zu arm.

Mein Handy klingelt. Böse Blicke von allen Seiten. Nehme Tüte, Leckmuschel und gehe gleichzeitig ans Handy. Yolandas Mutter berichtet mir kurz, dass sie mit dem fast verhungerten Kind an einem anderen Kiosk mit 'ner ganz kurzen Schlange war und jetzt gerne nach Hause möchte.

Und das ganze Essen? Soll sich das Kind etwa überfressen, nur weil ich's mal wieder nicht auf die Reihe gebracht habe? Soll mich beeilen, das Kind müsse in spätestens 20 Minuten nach Hause, so viel Sonne schadet nur. Werfe die Tüte weg, umklammere meine Leckmuschel und stolpere auf Badelatschen zurück.

Erst einen ins Schwimmbad schleppen und dann bei 30 Grad aussetzen. Dieser Tag hat wirklich nichts Gutes, denke ich und merke, wie die Leckmuschel in meiner Hand mir ein seltsam freudiges Gefühl gibt. Plötzlich fühle ich mich wieder wie damals als Kind. Der Sommer ist nicht zu heiß, Leckmuscheln gibt es an jedem Kiosk, nicht nur im Schwimmbad, und während ich darauf warte, dass endlich im Fernsehen was anderes kommt als das Testbild, genieße ich meine Muschel. Leben, du bist gut.

Kaum gedacht, schaue ich direkt in die Hauptdüse einer modernen Wasserpistole Marke »Monster-Supersoaker-Nuclear-Spaßbadkiller«.

Mit erhobenen Händen denke ich ungläubig: Jetzt gibt es die Dinger schon mit Beinen unten dran. Erst als die Monstergun zu sprechen anfängt und sagt: »Leckmuschel oder Leben«, merke ich, hinter dem aufsetzbaren Refilltank ist doch tatsächlich ein Kind. Ein Kind mit einem Sechs-Liter-Wassertank auf dem Rücken. Gut, langfristig bekommt das Kind Haltungsschäden, aber kurzfristig?

Selbst wenn ich einfach wegrenne, kann es mich noch aus 50 Metern Entfernung ins Tauchbecken blasen. Und da bereits 20 Kinder ihre Wasserpumpguns im Tauchbecken aufgefüllt haben, drohe ich ins leere Becken zu stürzen, und deshalb gebe ich dem Kind traurig meine Muschel. Doch im Moment der Übergabe rast die Mutter heran. Ausgerechnet die Frau von vorhin, oben Silikon und unten tropfender Tanga, getigert. Sie fordert: »Lara, gib das sofort wieder zurück, da sind Keime dran.« Entschuldigung!

Lara wollte mir gerade mit 13 Düsen das Augenlicht nehmen, und jetzt kommt auch noch die Mutter und meint, ich hätte Keime an der Muschel! Muss noch erwähnt werden, dass das ganze Jugendamt den Überfall mit ansieht. Trotz Dienstzeit liegen die Herrschaften gelassen rum und stellen bei der Betrachtung der Waffe fest: »Toll, diese Wasserspritzpistolen, endlich haben Kinder die Option, ihr individuelles Gewaltpotenzial eigenständig deeskalieren zu lassen.«

Niemand hilft. Bademeister? Ach was! Mit quietschenden Adiletten schieben sie wie Bruce Willis ums Becken, tragen Sonnenbrillen, mit denen sie aussehen wie eine Stubenfliege, die gegen den Zehnmeterturm geflogen ist, und bewaffnet sind sie auch nur wie Pfarrer Kneipp. Alles, was sie haben, ist ein Megaphon: »Bitte nicht vom Beckenrand reinspringen« – der Gesamtwortschatz. Wieso tragen diese Typen ein T-Shirt mit der Abkürzung DLRG? Ja, wo ist sie denn, die Dreißig-Liter-Riesen-Gun?

Dann könnten sie auch mal zur Abwechslung sagen: »Nicht vom Beckenrand reinspringen oder ich spritze!«

Nun ist aber wirklich keine Zeit mehr, sich über Bademeister zu ärgern, sonst ist es wie damals, als sie mich in Riccione schon mal einfach im Schwimmbad zurückgelassen haben, weil sie pünktlich zu Hause sein wollten, in München.

Entschlossen wird aus den Badelatschen geschlüpft und barfuß über die große Wiese mit allen klebrigen Kaugummis, Zigarettenstummeln – aua –, Glasscherben gerannt. Trotz der Größe des Wassertanks und der Kürze seiner Beine bleibt mir das Kind mit der Wasserpumpgun auf den Fersen.

Die ersten Badegäste schließen Wetten ab, wer wohl als Erster ins Becken fällt. Es schmerzt im Rücken, so müssen sich Demonstranten fühlen, wenn der Wasserwerfer kommt. Trotzdem würde ich jederzeit für weniger Erwachsene – und die auch nur ohne Kinder – auf die Straße gehen.

Dann der rettende Einfall! Ich lecke meine Muschel. Hastig, bis sich das klebrige Zeug aus dem Plastik löst, dann werfe ich die Muschel einfach hinter mich. Und zack, als wäre meine Verfolgerin auf 100 Legosteine gleichzeitig getreten, steigt sie auf die Leckmuschel. Schmerzverzerrt und ohne nachzudenken, wirft sie sich ins große Becken.

Der Bademeister hinterher. Offenbar hatte er das Glück, genügend Baywatchepisoden zu gucken, er zieht das Kind aus dem Wasser. Schon ist die erleichterte Mutter bei ihm und fragt:

»Und wo ist die Wasserpumpgun?« Während ich – nein, ich habe Yolanda und ihre Mutter nicht mehr erreicht. Die Schwimmbadleitung hat mich festgehalten, bis das Bad geschlossen hat und auch kein Bus mehr direkt vor dem Schwimmbad wegfuhr.

Im Morgengrauen des nächsten Tages hat mich der ehemalige Freund, Mann von Mutti, Vati von Yolanda, abgeholt. Auf der Heimfahrt meint er: »Junge, du musst unbedingt öfter was mit meiner Familie machen! Im Umgang mit Kindern, ach was, mit Menschen, bist du der totale Soziopath.«

Dann beschreibt er weiter, wie lang und sonnig der Sommer noch sein werde und dass seine Familie darauf besteht, jede Woche mit mir einmal ins Schwimmbad zu gehen, damit ich endlich erträglicher und nebenbei bemerkt auch etwas braun gebrannter werde. Keine Ausreden möchte er hören, so wird es gemacht. Punkt. Dann musste ich gerührt weinen.

»Junge, nur weil wir so gut zu dir sind, musst du doch nicht weinen.«

»Doch, die Menschen sind so nett. Sogar die Bademeister – sie haben mir Schwimmbadverbot gegeben. Lebenslang!«

Kai der Kobold

Eine Frau, jung, attraktiv, selbständig …

»Danke schön.«

… sitzt im ICE, im Großraumabteil und …

»meine Koffer stehen irgendwo in diesem Zug, weil hier in dieser dämlichen Hutablage viel zu wenig Platz dafür ist. Das Einzige, was hier reingeht, ist äh …«

Plötzlich hört sie, wie eine Stimme aus der Hutablage sagt:

»Hallo, ich bin Kai der Kobold.«

»… Ein Kobold, das ist das Einzige, was in diese winzigen Hutablagen reingeht.«

»Ich erfülle dir drei Wünsche«, sagt Kai der Kobold.

»Okay. Dann hätte ich gerne, dass mein Zug pünktlich ankommt.«

»Piff-Paff-Puff«, meint da der Kobold, und schon steht der ICE im Zielbahnhof.

»Super. Als Nächstes möchte ich, dass meine Koffer direkt bei der Tür stehen, wenn ich aussteige.«

Erneut ein »Piff-Paff-Puff«, und als die Frau nun zum Ausgang geht, stehen da bereits ihre Koffer.

»Was ist dein dritter Wunsch?«, fragt Kai der Kobold.

»Ähhm, ich wünsche mir, dass ich von einem sehr attraktiven, klugen, humorvollen Mann abgeholt werde. Er ist mit mir verheiratet, hat unheimlich viel Geld, ist im Bett ein Gott und zur Begrüßung bringt er mir einen riesigen Blumenstrauß mit.«

»Na ja«, druckst da der Kobold rum, »solche Männer gibt es eigentlich gar nicht mehr. Könntest du dir auch noch was anderes wünschen?«

»Mmm. Okay, dann wünsche ich mir, dass ich mit meinem

Koffer in aller Ruhe aussteigen kann – und die, die einsteigen wollen, nicht drängeln wie bekloppt.«

Da meint der Kobold: »Okay, nochmal wegen der Blumen: Rosen oder Wicken?«

L
E
BERUFSLEBEN
E
N
S
K
I
S
T
E
N

Nicht-erst-seit-gestern-Macher

Zum Chef, sofort! In den meisten Berufen bedeutet dieser Ruf durch die aufgerissene Bürotür nichts Gutes. Ein Radiosender macht da keine Ausnahme. Der Chef in der Medienbranche hat allerdings meist eine englische Bezeichnung. Er nennt sich »Head of Programm«, »Station Manager«, doch bleiben wir im Kollegenkreis schlicht beim leicht verständlichen ARSCH.

Bedauerlicherweise entscheidet der Arsch über mein Schicksal, deshalb erlauben Sie mir, dass ich jetzt alles stehen und liegen lasse, um den Gang runterzuhechten und zu sagen: »Hallo, bin so schnell gekommen, wie ich konnte, was kann ich für Sie tun?«

»Wie geht es Ihnen?«

»Danke, gut.« Nicht übertrieben. Das Ansagen von Musikern mit anschließendem Anhören ihrer massenverständlichen Produkte ist keine harte körperliche Arbeit – außer es handelt sich zum 1000. Mal um Dido, Robbie Williams oder Coldplay. Das sind aber eher Nebensächlichkeiten, die keinen Arsch interessieren.

»Schön, dass es wenigstens meinen Leuten gut geht«, meckert mein Chef, der in seiner Jobbeschreibung unter anderem Mitarbeitermotivation stehen hat. Ihm stehe es bis hier, ständig müsse er sich mit irgendwelchen Idioten abgeben, die null Ahnung von Radio haben. Dummerweise geben diese Idioten aber das Geld für unseren Sender, der zu wenig Gewinn abwerfe. Da übertreibt mein Chef. Unser Sender macht nicht zu wenig Gewinn, er verbucht zu hohe Verluste. In so einer Lage sind Gesellschafterwünsche übrigens umso häufiger. Jetzt zu fragen, ob ein Gesellschafter einen direkten Einfluss auf das Programm haben darf, lohnt einfach nicht. Es ist Realität, je schneller wir uns damit abfinden, desto besser. Egal, was sie hören, lesen oder anschauen, immer sind die Macher von anderen abhängig und beeinflusst!

Just sagt mein Chef, obwohl wir's doch begriffen haben: »Medien sind käuflich, das war schon immer so.« Er wüsste das am besten, denn: »Ich mach nicht erst seit gestern Radio.«

Wenn jetzt nicht brutal dazwischengegangen wird, dann kommt gleich die Einleitung zum Lamentieren bis zur Ohnmacht des Mitarbeiters. »Ich erinnere mich noch gut« – Bitte alles, nur das nicht! – »wie ich damals als Volon…« Noch bevor er »tär« sagen kann, erkundige ich mich, was denn der vollidiotische Gesellschafter für einen unmöglichen niederträchtigen Wunsch hat?

Es soll eine Beitragsserie geben über die neue Maya-Ausstellung.

Maya? Na, es gibt Schlimmeres, da lässt sich doch was draus machen. Biene Maja, mögen wir doch alle gerne – paar kurze Töne aus der Fernsehserie, dann dürfen die Hörer anrufen und den Willi nachmachen.

»Idiot!«

»Wie bitte?«

»Die Ausstellung geht nicht über die Biene Maja, sondern über das Volk der Maya.«

Kultur? Im Popradio? Wer rechnet denn mit so was? Wenn es die Biene wäre, hätten wir doch längst einen Event organisiert! Mädels in schwarz-gelben Bikinis, Schlammringen in Honig. Wie mag das im Radio klingen? Pillepalle, da hätten uns die Hörer die Bude eingerannt, aber nein – jetzt machen wir schön was über die Maya-Ausstellung.

»Wir« bedeutet ich, und »schön« heißt schnell. Geht aber nicht. Gleich bin ich damit beauftragt, einem neuen Moderator die Räumlichkeiten zu zeigen.

»Welcher Idiot hat das denn entschieden?«

»Sie, Chef!«, könnte ich sagen, aber als Lohnabhängiger empfiehlt sich die Notlüge. Das sei ein Termin, der schon lange feststehe, lüge ich. Der neue Moderator Stevie Boublé fängt doch offiziell am nächsten Ersten bei uns an.

»Wer hat denn den eingestellt?«

Das war rhetorisch gemeint, und es folgt eine Lobrede vom Chef auf den ARSCH. Dieses Talent Boublé hat mein Chef nämlich selbst bei einer längeren Autofahrt gehört. Und dann sofort aus der kleinen Klitsche, wo der Stevie versauert wäre, rausgekauft! Jetzt wird der Stevie bald ein ganz Großer. Einer, der unsern Laden ganz weit nach vorn bringt. Wobei, warnt sein Entdecker, wir total aufpassen müssten, dass die nicht gleich vom Fernsehen kommen und den Boublé abwerben. Boublé sei nämlich so gut, dass der garantiert mal den Stefan Raab ab... Mal ehrlich, da sitzen doch auch Sie jetzt zu Hause und denken – hui!

Glücklicherweise fängt mein Chef langsam an, in seinem Umklappkalender zu blättern. Der liegt vor ihm auf der Schreibtischunterlage und ist ein Geschenk der Kreissparkasse. Schon komisch. Wir kleinen Mitarbeiter sollen unsere Termine am besten alle online oder wenigstens im Computer eintragen. Mein Chef hat aber mit dem Teil, das aussieht wie ein breitgeklopfter Spiralblock, alles im Griff. Er blättert einfach die fast komplett leeren Seiten seines Werbegeschenks dreimal um, damit er dann messerscharf zum Schluss kommt.

»Machen Sie, dass Sie rauskommen! Schreiben Sie eine schöne Serie über die Maya-Ausstellung und lassen Sie mich in Ruhe, hab gleich einen ganz wichtigen Termin.«

Zurück am Schreibtisch, beginnt die Suche nach den Maya. Zunächst mal wird klar, die Maya haben Glück. Die sind ausgestorben. Keine Chefs, die meckern, keine neuen Kollegen, die rumgeführt werden müssen, und keine alten Kollegen, die einen runterziehen: Eine Serie über die Mayas passe doch null ins Programm, da müsse ich jetzt aber mal auf den Tisch hauen und mich weigern. Ich streiche über meinen Schreibtisch, weil der Kollege Grimm mit vollem Mund spricht, dabei Käse verliert und offenbar wirklich glaubt, sein Gemotze sei nützlich.

Während Grimm weiter auf meinen Tisch krümelt, sammle ich Interessantes über die Maya. Sie waren schon weit vor Christi Geburt eine Hochkultur. Architektur, Astronomie, Gerichte auf Maisbasis, die Mayas hatten es drauf! Höchstwahrscheinlich haben sie nie ihr Käsebrot über dem Arbeitsplatz des Kollegen gegessen. Überhaupt, wer mit vollem Mund sprach, dem wurde sofort der Unterkiefer abgeschlagen. Letzteres übrigens eine Foltermethode, die bei den Maya angewandt wurde. Es wird noch blutiger. Die Maya verehrten mehrere Götter und um die heiter zu stimmen, wurde geköpft, ertränkt, gesteinigt und vergiftet.

»Echt?«, erkundigt sich Grimm, während in mir der Gedanke reift, ihn meinem Chef zu opfern, indem ich ihm aus rein rituellen Gründen das Käsebrot den Schlund runterstopfe. Mit Hilfe eines Lochers oder eines anderen spitzen Büroartikels müsste das doch gehen?

»Die grausamen Foltermethoden der Maya! So was passt doch prima ins Programm«, sagt Grimm.

Sicher, die Musik von Dido ist auf die Dauer schon schmerzhaft. Aber passt deshalb im Anschluss nichts besser als ein Bericht über launiges Fingernägelrausreißen bei den Maya?

»Kein Problem, wir machen das doch nicht erst seit gestern. Wichtig ist vor allem, dass wir das mit den Fingernägeln gut hörbar machen.« Grimm ist begeistert.

Dann soll er doch die Serie schreiben, ich muss sowieso gleich den neuen Kollegen rumführen. Eigentlich müsste der schon seit zehn Minuten da sein.

»Echt?« Grimm grinst. Erster Tag, und schon kommt der Neue zu spät. Da ruft der Neue an. Er sei schon auf dem Weg, es täte ihm leid, seine Sekretärin habe ihm den falschen Terminkalender ausgedruckt und deshalb käme er jetzt eine halbe Stunde zu spät. Dass der Neue eine eigene Sekretärin hat, regt Grimm so sehr auf, dass er fast an seinem Restkäsebrot erstickt.

Der Chef kommt vorbei. Will wissen, was mit den Maya-Beiträgen sei, langsam würde es Zeit, wir hätten doch alle Weihnachten was vor. Ha, ha, ha. Dummer Witz! Aber immerhin eine Möglichkeit anzuknüpfen, um darauf hinzuweisen, dass der 25. Dezember 2006 im Maya-Kalender Pictun 0 Baktun 12 Katun 19 Tun 13 Uinal 16 Kin 1 heißt. Das wäre doch vielleicht eine Möglichkeit. Die Maya hatten schon viel früher als wir einen Kalender und den könnten wir doch vorstellen, um zu zeigen, wie hoch entwickelt das Volk war.

»Viel zu viele Zahlen für unsere Hörer, das kapieren die nie!«, rufen der Kollege und mein Chef gleichzeitig. So sind Medienmenschen. Immer, wenn sie etwas nicht auf Anhieb kapieren, sofort sagen: »Das kapiert der Hörer nicht.« Bloß nicht fragen: »Können Sie das bitte nochmal langsam wiederholen, für Menschen, die oberflächlich, dumm, verlogen, arrogant sind und vor allem nicht zuhören können?«

Grimm erzählt von den Foltermethoden, wobei er dabei so tut, als habe er nicht nur mindestens drei Bücher gelesen, sondern selbst geschrieben.

Dann erkundigt er sich über den nahenden neuen Kollegen. Der Chef beschreibt wieder seine Wunderwaffe, die, nebenbei bemerkt, inzwischen eine Stunde überfällig ist. Grimm ist das jetzt plötzlich egal, er ist von Boublé begeistert. Verstärkung könnten wir immer gebrauchen. Das ist ja mal eine 180-Grad-Wende. Schade, dass Grimm beim Labern nicht im Stile der Maya der Schädel mit umgedreht wird, womit wir wieder bei den Foltermethoden sind.

Der Chef ist begeistert, vor allem von »Herz bei lebendigem Leib rausreißen«. Das müsse ja eklig aussehen. Sei das denn dann noch ein Radiothema, erlaube ich mir anzumerken.

»Menschenskinder, dafür haben wir doch unsere Geräusch-CD mit den Horroreffekten. Das tippen Sie jetzt mal schnell runter, ich such solange das Geräusch, und dann spreche ich Ihnen das.«

»Tolle Idee, Chef«, meint Grimm, während der Chef kurz seinen Umklappkalender holt, um nachzusehen, wann es ihm am besten passt, mal wieder so richtig selber Radio zu machen.

»Wird schwierig«, ruft er, die immer noch leeren Seiten durchblätternd, will sich aber auf alle Fälle was freischaufeln.

Der Neue kommt immer noch nicht. Heißt, innerhalb der nächsten Stunde entstehen immerhin zwei Episoden über Maya-Grausamkeiten, die fast so schlimm sind wie der Kollege Grimm. Inzwischen steht er hinter mir, und beim Über-die-Schulter-Schauen isst er Tomate. Der Saft des Gemüses tropft mir in den Nacken. Ich muss mich waschen gehen und sehe beim Verlassen des Großraumbüros, wie Grimm bereits meine Datei ausdruckt, um sie dem Chef zum Lesen zu bringen.

Moment, das ist immer noch meine Arbeit gewesen! Plötzlich steht vor mir ein Typ, der, obwohl weder draußen noch drinnen die Sonne scheint, eine Sonnenbrille trägt und einen Aluaktenkoffer. Um Himmels willen: DJ-Verkleidung! Bitte lass es nicht …

»Hallöchen, ich bin Stevie Boublé, funkelnagelneuer Host auf dieser Antenne. Mir geht es gut – und Sie haben da Tomate auf dem Hemd. Ich weiß ja nicht, was Ihre Mutti rät, aber meine hat immer gesagt, hey, mit warmer Seifenlauge geht das ratzfatz raus. Glauben Sie nicht mir, aber vertrauen Sie meiner Mutti, und jetzt liegt für Sie schon der nächste Superhit parat, Dido…«

Damit er endlich aufhört, stelle ich mich vor und möchte gerade darauf hinweisen, dass die Zeit etwas drängt, da kommt auch schon mein Chef an, um Boublé herzlich zu begrüßen.

Toll, dass er endlich da sei, hier werde es ihm gefallen, toller

Laden, alles Teamwork, flache Hierarchie. »Wir hirnen gerade gemeinsam an einer Serie über die Maya-Ausstellung – wird eine Riesensache.«

Erstaunlicherweise kennt Boublé die Maya-Ausstellung. Sein Onkel macht das Catering. Ach was? Der Onkel, der auch unser Gesellschafter ist? Ja, die Welt ist klein und das Leben kein Lolli.

»Wir machen jetzt Folgendes«, erklärt der Erfinder der flachen Hierarchien. Gleich nachdem der neue Moderator von mir rumgeführt worden sei, soll er die Serie sprechen. Grund: Mein Chef hat doch tatsächlich auf seinem Umklappkalender einen wichtigen Termin entdeckt und kann deshalb leider nicht selber sprechen. Kollege Grimm grinst und geht schon mal vor ins Studio, um noch ein wenig die Texte zu verbessern.

Gut, nehmen wir unsere Restenergie zusammen und führen den Neuen rum.

Stevie Boublé trabt breit grinsend neben mir über die Flure. Irgendwie grinst er etwas zu breit, so als würde er denken: Wahnsinn, ich hab es wirklich geschafft, ich bin drin, hab mich aber auch spitzenmäßig verkauft beim Chef.

Schnell wird mir klar, mein Chef hat mit schlafwandlerischer Sicherheit einen Blender eingestellt. Gleich wird auch er die blödeste Bemerkung des Berufslebens an mich ranschwallen. Als ich ihm den CD-Player erklären will, ist es soweit: »Du, nee ist klar, ich mach das ja auch nicht erst seit gestern.«

In Tarifverträgen sollte stehen, wer »Ich mach das auch nicht erst seit gestern« sagt, wird gekündigt: fristlos. Wer noch Zahlen nennt: »Weißt du, ich war schon 6000-mal live auf der Antenne« – sofort aufhängen, und zwar an der Zunge.

Die Wahrheit ist doch, dass alle Volldeppen, immer wenn sie sich im Stillen eingestehen müssen, dass sie überfordert sind, im Lauten sagen: »Ne, klar Kinderkram für einen, der schon so lange im Geschäft ist wie ich.«

Leute, die wirklich was können, drängen dir interessanterweise nicht ihren Lebenslauf auf. »Ein großer Schritt für die Menschheit und übrigens, ich bin nicht erst seit gestern Astronaut.«

Grimm ruft: »Jetzt müssten wir aber mal.« Selbstverständlich. Vorhin wollte er es dem Neuen noch zeigen. Jetzt kann er gar nicht schnell genug in den Hintern des Gesellschafterneffen kriechen.

Wir beginnen mit der Aufnahme. Boublé spricht wie eine Gießkanne mit Sprachfehler. Grimm freut sich. Es gibt doch nichts Besseres, als Kollegen, die genauso schlecht sind wie man selbst.

Boublé kann inzwischen noch nicht mal mehr ablesen. Er lispelt, schwitzt. Interessant wird es, als er mit aufgesetztem Englisch sagt: »Polly The Ismus.« Wahrscheinlich denkt er, das ist die Nachfolgeband von »Fury in the Slaughterhouse.« Wieso gibt es bei all den vielen Göttern in den 13 Himmeln der Maya nicht einen, der jetzt Zeit hat und dem Deppen sagt, dass das Wort griechisch ist und Polytheismus heißt.

Während mich die Frage beschäftigt, welchem Maya-Gott man diesen Volldeppen opfern könnte, rauscht der Chef ins Studio. Wie immer mit Umklappkalender. Er hört kurz zu und meint – »Leute, das geht gar nicht.« Dann drückt er die Taste runter, um wahrscheinlich konstruktiv zu kritisieren: »Super Stimme, riesig gesprochen – den Rest machen wir hier Piff-Paff-Puff im Schnitt.«

Obwohl Boublé den ersten Teil noch nicht zu Ende gestümpert hat, wird er vom Chef für höhere Aufgaben von dieser niedrigen Tätigkeit entbunden. Er soll jetzt gleich im Namen des Senders zur Eröffnungsgala der Maya-Ausstellung gehen. Boublé checkt ganz schnell seinen Handykalender und kann tatsächlich, bräuchte aber jemanden, der ihn fährt.

Gut, der Typ ist ein Idiot, aber um dann doch noch was über die Maya zu erfahren, würde ich schon mitgehen. Da hat sich Grimm aber schon die Schlüssel vom Dienstwagen gegriffen und begleitet den neuen Kollegen. Ja, Grimm ist nicht erst seit gestern Redakteur. Einen Außentermin mit Buffet leer fressen und dumm rumstehen, da hat er noch nie gefehlt.

Die beiden rauschen ab. Und jetzt? Was wird aus der Serie? Ich folge dem Chef ins Büro. Wütend schmeißt er seinen Umklappkalender auf den Tisch.

Nochmal die Frage: »Was wird mit der launigen Folterserie?« Das habe er doch schon gesagt, das wird nichts! »Wieso, es muss doch nur jemand präsentieren, der sprechen kann.« Das sei nicht der Punkt, er habe sich das nochmal durch den Kopf gehen lassen, die ganze Geschichte sei zu brutal. Allein die Folge, wo sich die Maya ohne Narkose die Zähne ziehen, ob ich denn nicht wüsste, wie viel unserer Gesellschafter Zahnärzte seien?!

Und jetzt? Es wird beschlossen, doch die Sache mit dem Maya-Kalender zu machen.

»Ist zwar Kalenderkram, doch was soll ich machen, wenn meine Mannschaft keine bessere Idee hat«, sagt der Arsch. Nein, Riesenarsch. Dann hat er mal wieder einen Einfall.

»Das Maya-Datum muss unbedingt ein Originalmaya sprechen.«

»Die sind immer noch ausgestorben!«

»Warum sagt mir das keiner?«

»Verzeihung, mein Fehler.«

»Gut, dann spricht das die Susi, die hat so 'ne südamerikanische Stimme. Nun machen Sie, dass Sie rauskommen und nehmen Sie die Manuskripte vom Grimm mit.«

»Das habe eigentlich ...«, möchte ich gerade mal sagen, da bekommt mein gestresster Chef mal wieder einen seiner schlimmen Aufräumanfälle. Warum fangen Chefs immer dann, wenn eigentlich gearbeitet werden muss, an aufzuräumen bzw. lassen aufräumen.

»Nehmen Sie auch die alten Zeitungen mit und machen Sie mal die Fenster auf. Hier steht der Hecht. Sauladen! Mensch, ihr arbeitet doch auch nicht erst seit gestern in einem Büro.« Tür zu. Ich dafür voll gepackt wie eine Mülltonne nach Weihnachten.

Während er so weiterschimpft, informiere ich seine Sekretärin Susi von ihrer neuen, ganz großen Chance, eine berühmte Radiostimme zu werden. Dann werden Kalenderdaten ausgerechnet. Ein Job für einen, der Vater und Mutter geopfert hat. Was könnte ich nur Ahh Puhh, Maya-Gott des Bösen und des Todes, opfern? Vielleicht Grimms Käsebrot verbrennen, und dann würde er mich befreien von allen Nicht-erst-seit-gestern-Machern.

Während das Brot langsam am offenen Fenster verglüht, entdecke ich, dass ich aus Versehen den Umklappkalender vom Chef mitgenommen habe.

Kalenderkram, würde er sagen. Den bring ich ihm, wenn ich fertig gerechnet habe. Ob sie so ein Ding in 3000 Jahren auch ausgraben werden, wohl kaum. Egal, das Skript ist fertig, jetzt schnell zu Susi, und dann ist Schluss für heute. Moment Mal, Susi sitzt an ihrem Schreibtisch und weint. Lampenfieber. Mädchen, das sind nur ein paar Kalenderdaten. Das packst du. Bleib ganz ruhig. Ich geh nur schnell zum Chef rein, muss ihm was geben.

»Zu spät«, schluchzt Susi.

»Was?«

»Der Chef hat irgendwas gesucht, hat sich aber so aufgeregt, dass er's mir nicht sagen konnte, was, dann ist er umgekippt. Jetzt liegt er im Krankenhaus – *Schnief* – er hat sich doch immer für uns aufgeopfert.«

Später gehe ich nachdenklich nach Hause. Lass noch einmal den ereignisreichen Arbeitstag Revue passieren.

Dann die schreckliche Nachricht, Grimm und der Neue sind auf der Rückfahrt von der Maya-Ausstellung schwer verunglückt. Grimm soll gefahren sein und hatte sich noch einen Maiskolben vom Maya-Buffet mitgenommen, der ist ihm aus der Hand gefallen, und als er sich danach bückte, hat er die Kontrolle über das Fahrzeug verloren.

Was für ein Tag. Mal ehrlich, so was hab ich noch nie erlebt, und ich mach auch nicht erst seit gest… Moment. Reden wir nicht so viel, einfach durchatmen: Ahhh, Puhhh… Danke.

Der Chefparkplatz

Es regnet. Ach was, es schüttet. Glücklicherweise wird mit dem Auto zur Arbeit gefahren. Ein Segen. Staus und die ganzen Volldeppen auf der Straße mal nicht mitgerechnet. Allein der Gedanke, mit dem Zug oder gar zu Fuß zur Arbeit zu müssen – nein danke. Die Fahrt zur Arbeit baut das Selbstbewusstsein für den ganzen Tag auf. Lässig wippt der Pappkaffee im Halter. Du nimmst ihn raus, um so laut zu schlürfen, dass der Smart nebendran an der Ampel denkt, seine Einspritzpumpe sei kaputt. Singt Robbie Williams im Radio zu laut, wird er erst angebrüllt und dann leiser gedreht. Klingelt das Handy, stellst du den Anrufer auf Lautsprecher. »Na, du kleines Männchen. Mehr Macht geht nicht!«

»Was für ein Männchen?«, möchte Schatz wissen, die nur kurz anruft, um mich dran zu erinnern, dass sie morgen das Auto braucht. Schade. Noch fünf weitere Minuten ungestört in meiner Zentrifuge des Selbstbewusstseins, und ich hätte heute vielleicht um eine Gehaltserhöhung gebeten. Schon verrückt, wie viel Sicherheit mir mein eigenes Auto … unser eigenes Auto gibt. Wäre vielleicht vernünftig, das mal zu überwinden, und als moderner Mensch auch ohne Auto einen starken Charakter zu haben. Nein. Ob Ivanhoe oder Richard Löwenherz, ein Ritter hatte schon immer eine Rüstung. Wobei es im 12. Jahrhundert für Rüstungen keine Getränkehalter gab, höchstwahrscheinlich. Das Auto ist also eine Grundvoraussetzung im Kreuzzug des Berufslebens. Was noch? Moment, bin gleich wieder bei Ihnen, komme gerade auf unserem Betriebsgelände an und muss meinen Dienstausweis zeigen. Seit zwölf Jahren fahre ich hier jeden Morgen vorbei, aber ohne Dienstausweis geht die Schranke nicht hoch. Fenster auf. Elektrisch. Das hätte Ivanhoe sicher auch gerne gehabt fürs Visier. Mein Arm wird nass geregnet, weil der Schrottautomat beim Regen fehlerhaft reagiert.

Das ist Ivanhoe am Schlagbaum zum Morgenland sicher nicht passiert. Die Schranke bleibt unten. Klingle beim Pförtner. Stimme aus dem Lautsprecher: »Sie müsse des Kärtle ans Läsähgeräht halde!« Was glaubt der, was ich mache? Eine Kneippkur für linke Arme? Der Automat ginge nicht, weil es regne. Ich müsse deshalb nicht gleich unfreundlich werden und zu wem ich denn wolle?

»Zur Arbeit!«

»Welche Abteilung schafft die?« … Echt, das Leben ist kein Lolli.

»Ach, Sie sind's Herr Karschtens, warde se, ich drück Ihne auf.«

Die Schranke hebt sich, endlich. Langsam rolle ich in meiner Rüstung aufs Schlachtfeld. Für den unbedarften Beobachter ist es ein ganz normaler Parkplatz. Der Kenner weiß, ein Firmenparkplatz um 8 Uhr 43 ist ein Schlachtfeld. Wer jetzt nicht konzentriert und ohne Kompromisse kurbelt, kriegt nie einen Parkplatz. Zunächst ist es wichtig, in der Mitte der Fahrbahn zu rollen. Oft wurde ich beim Versuch einzuparken schon von links überholt, und es schob sich eine breit grinsende Fahrgemeinschaft auf meinen Parkplatz. Volldeppen. In Wahrheit sind es nicht die Auseinandersetzungen auf der Karriereleiter, die einen höchstwahrscheinlich nicht unbeschadet 67 werden lassen, es ist die Suche nach einem freien Parkplatz. Während mein Auto zum zigsten-Mal benzinverschleudernd die Reihen auf und ab tuckert, bekomme ich Kreuzschmerzen. Je länger du einen Parkplatz suchst, desto geduckter wird die Haltung am Steuer. Das Fahren im Kreis führt zu der zwangsläufigen Annahme: Gleich wird mir schon ein Parkplatz auf den Kopf fallen. Was ist aus dem selbstbewussten, kaffeetrinkenden, Robbie Williams anbrüllenden Mitarbeiter geworden? Ab morgen fahre ich Bahn, pfeif aufs Selbstbewusstsein.

EIN FREIER PARKPLATZ. Ich blinke, schalte das Fernlicht ein, könnte noch ein Warndreieck rausstellen. Platz da, das ist meiner. Was für ein schönes Stück Asphalt. Groß erkennbare Markierungsstreifen, hervorragende Lage. Gerade bei Regen ein Traum. Von hier aus musst du noch nicht mal zur Eingangspforte schwimmen – da husch ich gleich mal eben ins Büro. Ach, es sind die einfachen Sachen, die uns Katholiken so glücklich machen. Gebt uns ein winziges Stück Land, wir stellen unser Autochen drauf, und dann sind wir gestärkt für einen weiteren Tag entbehrungsreicher Arbeit im Weinberg des Chefparkplatzes. Chefparkplatz?

Wer hat das Schild Chefparkplatz aufgestellt? Letzte Chance. Mach einer das Schild weg. Mein Auto parkt heute hier, und wir vergessen die Sache. Wirklich, es ist besser für uns alle. Vielleicht komme ich auch wirklich ab morgen mit öffentlichen Verkehrsmitteln oder lass mich von Schatz bringen. Das nicht! Da arbeitest du mit der Ausstrahlung eines Drittklässlers, den Mami noch nicht im Schulbus mitfahren lässt, weil sie Angst hat, er könnte von den anderen Jungs wieder verhauen werden.

Mein derzeitiges Selbstbewusstsein reicht allerdings nicht, um einfach frech mein Mitarbeiterauto auf den Chefparkplatz zu stellen. Hier könnte mein Wägelchen so schön und geschützt stehen, sogar unter einem echten Baum. Ja, unser Chef ist im Sommer ein Schattenparker. Aber das ist nicht das Schlimmste. Es geht hier doch wirklich ums Prinzip. Sind wir denn tatsächlich im 21. Jahrhundert angekommen, um diesen zementierten Beweis für Wichtigtuerei einfach so hinzunehmen? Was haben uns denn die Französische Revolution, der Fall der Mauer und die Einführung einer Telefonflatrate für unter 30 Euro gebracht, wenn es in Deutschland immer noch möglich ist, dass Autofahrer nur wegen ihrer beruflichen Position einen besseren, ach was sag ich denn, überhaupt einen Parkplatz bekommen? Müssen wir dieses affenartige Alphatiergehabe denn wirklich unterstützen?

Sind wir denn immer noch arme Herdentiere, die sich ducken müssen, wenn der Oberaffe auf dem Baum am nächsten an der Banane sitzen will. Auf die Brust trommeln, Revier markieren, rumbrüllen. Verdammte Hacke, das haben wir doch längst überwunden! Der moderne Mensch, besonders eine Führungsperson, kann sich ruhigen Gewissens Parkplatz und Dienstwagen in das Kleingedruckte seines Vertrages schreiben lassen. Als ob das Rudel dadurch produktiver wird. Es spielt keine Rolle, dass ausgerechnet der Leiter des Unternehmens den nächsten Parkplatz am Eingang hat. Ganz bescheiden gefragt: Sollte der Parkplatz nicht für unsere Kunden reserviert sein? Da müssen wir uns nicht beklagen, wenn wir in ein paar Jahren nicht von einer netten chinesischen Firma übernommen werden. Nur weil der Chinese, der Kurzbeinige, viel zu lange vom Parkplatz bis an die Pforte laufen musste, wird er uns nicht kaufen, wenn wir bald um Übernahme winseln. Es sieht doch jetzt schon ganz schlecht aus. Unser Big Boss hat doch nicht mal mehr einen Chauffeur, einen Hubschrauber oder wenigstens eine Sänfte. Das wäre ein positives Signal an die Belegschaft, aber seinen eigenen Mitarbeitern die Parkmöglichkeiten klauen – schockierend. Der Chefparkplatz ist doch kein Gebrauchsgegenstand, er ist ein Symbol. So wie der Reichsapfel. Nie hätte Karl der Große auch nur einmal reingebissen, der wusste noch, was er seinen Mitarbeitern schuldig war. Wer wirklich der Chef ist, der parkt nicht. Gerade in deutschen Chefetagen sollte das längst bekannt sein. Parkt Benedikt? Einen ganz kleinen unscheinbaren Fischerring, mehr hat er nicht, um zu zeigen – der Papst bin ich, ohne Auto –, das wurde bei Ebay verscheuert. Mein Auto kann ich bald verschrotten, wenn ich hier noch lange im Kreis fahren muss. Ein Firmenparkplatz ist wie die Reise nach Jerusalem für Erwachsene.

Als Kind hab ich da auch immer schon in der ersten Runde gestanden, als alle anderen schon saßen. Beim Völkerball später war es anders. Alle standen, ich saß immer noch auf der Bank, und keiner wollte mich wählen. Teenagerparty, alle haben geknutscht, ich legte die Platten auf. Okay, das Letzte ist gelogen. Aber Platten für den DJ aus der Hülle nehmen ist doch fast wie auflegen. Meine weiblichen Leserinnen fragen sich, ist das wahrscheinlich jetzt Selbstmitleid? Deshalb hier noch ein frauengerechtes Beispiel, das für meine Jugend und auch für mein jetziges Dasein spricht.

Stellen Sie sich vor, Sie sind bei einem großen Ball und gehen aufs Klo. Das Mädel, das in der Schlange vor der Damentoilette ganz hinten steht, genau das bin ich. Erschütternd! Und wie mir jetzt erst klar wird ein blödes Beispiel. Nicht nur ist der Chefparkplatz immer noch frei, und ich fahre weiter im Kreis, jetzt muss ich auch noch für kleine Angestellte. 20 Minuten wird bereits im Kreis gerollt. Früher waren um die Zeit die Ersten schon wieder krank zu Hause. Nicht wirklich krank, aber damals, da konntest du noch krankfeiern. Traut sich ja keiner mehr bei der Arbeitsmarktlage. Selbst die Kinder, Hunde oder die Oma werden nicht mehr krank, und deshalb bleibt nur der Chefparkplatz frei. Hier tut sich ja eigentlich Anfang der Woche nie was. Ausnahmsweise einen Tag länger im Wochenende bleiben ist die Regel. Ganz fies ist ja, Montag erst nachmittags kommen. Nicht weil schon alle den halben Tag arbeiten, weil man sich auch noch im Taxi bringen lässt. So was kann doch vorher am schwarzen Brett ausgehängt werden, selbstlos hätte ich den Chefparkplatz mit meinem Auto vorgewärmt. Vergessen wir das mit dem schwarzen Brett, das hängt gleich neben den Toiletten, und jetzt wird es langsam wirklich eng. Noch eine Runde.

Nichts. Noch nicht mal ein egoistisch abgestelltes Mofa kann den Hang runtergeschubst werden. Hier arbeiten einfach zu viele. Allein im Chefbüro sitzen drei Sekretärinnen. Entschuldigung. Was machen die denn, wenn hier den ganzen Tag der Parkplatz leer steht? Leute, jetzt geht das hier aber gleich in die Hose. Noch eine Runde und ich lass unter mir. Echt. Stell ich mein Auto mit Warnblick ab und geh zwischen zwei Autos? Da bin ich von allen Seiten zu sehen. Der Baum direkt am Chefparkplatz ist eigentlich ideal. Keine Sorge, nie würde ich mein Auto auf dem Chefparkplatz parken. Einfach nur halten – das Auto – jetzt sofort, alles andere geht kaum noch. Mit laufendem Motor steht mein Auto jetzt auf dem Chefparkplatz. Schnell an den Baum. Unglaublich, wozu einen egoistische Chefs auf der Suche nach einem Parkplatz treiben. Es hupt. Ausgerechnet jetzt, komme gleich. Es ist deutlich zu hören, wie die Tür eines Dienstwagens der Oberklasse geöffnet wird. Hab's gleich. Soll ich weglaufen? Geht nicht. Mein Kopf läuft rot an. Kann denn nicht jetzt schnell ein Blitz in den Baum einschlagen und mich erlösen? Es nähern sich langsam Schritte. Es ist ein typisches Klicken von sauteuren Designer Pumps. Ja, mein Chef trägt Pumps. Jetzt ist nicht die Zeit zu erzählen, wie es dazu kam. Nur so viel – in der Stellenausschreibung hieß es, bei gleicher Qualifikation werden weibliche Bewerber bevorzugt eingestellt. Viola Scholz-Mönkel. Doktor. Steht aber nicht auf dem Schild. Nicht mal Chefinnenparkplatz. Aber das tröstet jetzt auch nicht.

»Herr Karsten, was machen Sie da?« Ich sei auf der Suche nach einem Parkplatz gewesen, berichte ich, während es mir gelingt, meine Hose zu schließen.

»Wissen Sie, mir war ja klar, dass viele meiner männlichen Kollegen ein Problem mit ihren Gorilla-Genen haben. Aber mich enttäuscht doch zutiefst, dass ausgerechnet Sie hier glauben, Sie müssten das Revier markieren und primatenhaft auf meinen Parkplatz pullern.«

Ein konkretes Beispiel

•
•
•

Ein neuer Tag. Ein alter Weg. Raus aus der Wohnung, rein in den Aufzug, runter in die Tiefgarage. Wieder ist der Hebebühnenmitbenutzer zu egoistisch gewesen, um das Ding nach oben zu fahren, sodass wir jetzt einfach zurücksetzen können. Positiv denken. Immerhin bemerken wir bei der Suche nach dem Hebebühnenschlüssel, dass wir mal wieder den Autoschlüssel in der Wohnung liegen gelassen haben. Den muss man jetzt holen gehen. Schatz schaut mich an, ich schaue Schatz an, unser Hund legt sich hin. Wir schweigen eine starke Minute – dann lass ich die Luft aus meinen dicken Backen, gebe mich geschlagen und will ihn holen. Selbstverständlich hat sich unser Hebebühnenmitbenutzer den Aufzug nach oben geholt. Ein Perverser, der sich einen sexuellen Kick holt, wenn er elektronische Geräte rauf- und runterfährt. Es wird also durchs Treppenhaus gesprintet. Eine Viertelstunde später wird endlich ins Auto eingestiegen, was eigentlich auch für den Hund gilt. Er will nicht. Eingefroren krallt er seine Pfoten in den Beton. Ich ziehe an der Leine. Angeblich versuche ich so, das Tier auf brutale Weise umzubringen. Das Einzige, was ich versuche, ist, halbwegs pünktlich zur Arbeit zu kommen. Der perverse Hebebühnen- und Aufzugbenutzer kommt in die Tiefgarage, mein Hund schreckt sofort hoch und springt ins Auto. Selbst die runtergezogenen Mundwinkel von Schatz gehen hoch. Der Typ kann offenbar alles heben, aber nicht meine Stimmung. Ich bin der Fahrer der Fahrgemeinschaft des Grauens. Rückwärts setze ich, angeblich viel zu schnell, aus unserer Hebebühnenschublade. Es ist nicht zu schnell, das klingt nur so. Jetzt bloß nicht wieder beim Rangieren den Pfeiler anstoßen, noch ist der Hebebühnenmitbenutzer da, lässt die Bühne wieder runter. Täuscht das oder geht es bei ihm schneller?

Er grinst. Kann nicht zurücklächeln, muss rangieren. Schatz macht das Fenster auf und zieht schon mal am Seil für das Rolltor. Muss das sein? Setzt einen doch nur zeitlich unter Druck! Langsam rolle ich zurück, und statt Beton sehe ich im Rückspiegel nur Haare. Die ganze Zeit lag mein Hund am Boden – jetzt steht er auf der Rückbank und zählt im Spiegel die Flöhe in seinem Fell. Während das Rolltor langsam wieder runtergeht, werde ich nachdrücklich darauf aufmerksam gemacht, mich bei meinem Hund zu entschuldigen. Wird gemacht, obendrein gibt es noch ein Leckerli aus der Mittelkonsole, wo eigentlich meine Pfefferminzbonbons aufbewahrt gehören. Noch ein Leckerli und das bestechliche Miststück legt sich endlich hin. Der Wagen ist rangiert, jetzt bitte wieder am Seil fürs Rolltor ziehen, und die Fahrt kann losgehen. Wie von Geisterhand geht das Tor auf – der Hebebühnen-Hannibal-Lector hat eine Fernsteuerung. Er grinst, fährt an uns vorbei und zum Tor hinaus. Gut möglich, dass das Tor nun sofort wieder runterrollt. Schatz auf dem Beifahrersitz drückt ihren Fuß auf den Boden. Obwohl meine Beifahrerin deutlich sichtbar nicht mal weiß, in welchem Bereich unseres Fahrzeugs das Gaspedal liegt, wird mir nun unterstellt zu pennen. Freundlich, aber doch bestimmt, bitte ich darum, jetzt einfach mal auf sinnlose Streitereien zu verzichten. Einfach still sein, bis ich mit dem Auto zur Arbeit gefahren bin. Dann schenke ich es ihr, mitsamt dem Hund auf dem Rücksitz, bis dahin bitte einfach den Chauffeur ignorieren. Sie guckt zum Fenster raus. Es klappt. »Ziehst du bitte das Seil für das Rolltor, es ist nach wie vor auf deiner Seite.« Sie schließt die Augen und tut, als würde sie noch schlafen. Ja pennen hier denn alle? Und ob.

Im Rückspiegel sind inzwischen die Pfoten meines Hundes zu sehen.

Er hat sich auf den Rücken gelegt und streckt seine Beine in die Luft. Eine Verschwörung. Aber jetzt aufgepasst! Ein Griff in die Mittelkonsole, ein Leckerli gegriffen, schon rotiert der Hund aus der Schlafhaltung in die Verhandlungsposition. Langsam öffne ich das hintere Fenster, auch ich habe Fernsteuerung, Freunde. Mein Hund zieht am Seil, das Rolltor geht langsam hoch, großzügig wird Herrchens treuem Diener ein Leckerli nach hinten geworfen und lässig ins Freie gefahren. Hallo neuer Tag, jetzt versuchen wir das nochmal, ganz entspannt. Lässig wird ein Pfefferminz eingeworfen. Dass es nach Hundeleckerli schmeckt, merke ich erst, als der Hund das für mich gedachte Bonbon nach vorne gegen den Spiegel spuckt. Ein Zwischenfall, der meine Beifahrerin versöhnt. Schon fast harmonisch stehen wir im Pendlerstau. Es ist doch wie immer nur eine Frage der Einstellung. Geduldig und sogar ohne aufs Lenkrad zu trommeln, warte ich, bis es weitergeht. Das dauert, aber schließlich rollt der Verkehr wieder. Hier machen viele den Fehler, sofort zu beschleunigen, schneller lässt sich ein Stau nicht einholen. Beschleunigen mit Bedacht. »Musst du so rumgurken?« Wie schön waren doch die Zeiten, als sie einfach schmollend aus dem Fenster geschaut hat. Jetzt redet sie wieder unentwegt. Meine Fahrweise hält den ganzen Verkehr auf, jeder Rentner fährt sicherer. Noch ein bisschen und ich baue sicher wieder einen Unfall. »Wieder? Seit meiner Führerscheinprüfung hatte ich keinen Unfall.« Aber es sei, so erfahre ich, schon sehr oft haarscharf gewesen.

»So! Wann?«

»Da kann ich dir jetzt kein konkretes Beispiel nennen, aber es gibt viele.« Wie wäre es wenigstens mit einem unkonkreten Beispiel? Immerhin bin ich gerade als gemeingefährliches rollendes Verkehrshindernis eingestuft worden. Da ist es doch für die Anklägerin sicher ein Leichtes, die zahlreichen Aktenordner mit meinen Vergehen aufzuklappen. Was war denn da? Auffahrunfälle, Schleudermanöver, Massenkarambolagen? Vor zwei Wochen hätte ich in der Tiefgarage den Pfeiler mitgenommen.

Wahrheitsgemäß habe ich den Pfeiler gestreift, aber nur weil ich Schatz und unseren Hund mitnehmen musste, die mich abgelenkt haben. Das sei nicht das einzige Beispiel. Wenn sie sich jetzt erinnern würde, gäbe es sicher noch unzählige. Gedächtnislücke, im umgekehrten Fall eine Katastrophe. Konkretes Beispiel? Wenn ich mich nur einmal im Jahr nicht an unseren Kennenlerntag erinnere. Zurück zum Vorwurf »schlechter Autofahrer«. Jetzt wüsste ich es doch ganz gern. Wenigstens ein Detail zu einer meiner zahlreichen Fast-Massekarambolagen. Wie unkenntlich waren die anderen Fahrzeuge? Wird der Streckenabschnitt je wieder befahrbar sein? Hab ich überlebt? »Steig aus!« Warum? Ist es zu viel verlangt, dass andere ihre aus der Luft gegriffenen Behauptungen mit Beispielen belegen, denke ich, während ich aussteige. Wir sind nämlich schon da. Von wegen gurken. Schatz und Hund lassen mich vor meiner Arbeitsstätte zurück. Schatz sagt zum Abschied angesäuert »Tschüss.« Als der Wagen wegfährt, sehe ich, wie mir der Hund zum Abschied wieder seine auf der Rückbank hochgestreckten Pfoten zeigt. Deshalb heißt es wohl Rückbank. Müde schleppe ich mich ins Büro. Noch während ich meinen Computer hochfahre, beziehungsweise die alte Kiste versucht, das Netzwerk zu finden, steht schon mein Abteilungsleiter hinter mir. Es sei jetzt dann doch mal wieder an der Zeit, einige Arbeitsabläufe zu besprechen. Gerne. Die Abläufe sind verstopft, und zwar bis zum Siphon, wenn das Bild erlaubt ist, möchte ich sagen, da meint er schon: »Mir ist in letzter Zeit aufgefallen, dass es besser wäre – also das soll jetzt keine persönliche Kritik sein – aber kannst du dich bitte etwas besser konzentrieren.«

Entschuldigung, Konzentration ist mein zweiter Vorname. Wann war ich das letzte Mal nicht konzentriert? »Ja, da kann ich dir jetzt auch kein konkretes Beispiel nennen, es fällt nur auf, dass es immer wieder vorkommt.« Schon in Ordnung, warum beweisen, was viel leichter behauptet ist? Eine gefühlte Abwertung meiner Arbeit, das geht voll in Ordnung. So ist er eben, der liebe Kollege, das schärfste Messer in unserer Schublade und in meinem Rücken. Bevor ich ihm jetzt konkret die Meinung geigen kann, werde ich zum Chef gerufen. Er möchte, dass ich mich setze, bietet mir einen Kaffee an und ein Pfefferminzbonbon. Koffein brauch ich keins mehr, und was mach ich, wenn seine Pfefferminze auch nach Hund schmecken? Also dankend ablehnen und hinsetzen. Wieso will er mich eigentlich sprechen? »Nun, da gibt es nichts Konkretes.« Ich muss plötzlich husten und bitte um ein Wasser. »Conny, bringen Sie dem Herrn Karsten bitte ein Wasser. Mit oder ohne Ko…?« Wenn es geht, einfach kein Wort mehr, das mit »Ko« anfängt und schon gar nicht mit »nkret« weitergeht. Brav begeistere ich mich für ein stilles Wasser und versuche konzentriert zuzuhören. »Mein Lieber, wie gesagt, es besteht im Grunde kein konkreter Handlungsbedarf, nur in Ihrem konkreten Fall habe ich festgestellt, mehr gefühlsmäßig … also ohne konkretes Beispiel …« Ohne weiter zuzuhören, nehme ich mir die Schale mit den Pfefferminzbonbons und stecke so viele in meinen Mund, wie reinpassen. Mein Chef stutzt, ich spucke sie der Reihe nach in seine Richtung. Rückwärts flieht er aus seinem Büro. Gut so, ich kündige nämlich, und zwar konkret! Dann schlage ich die Tür zu. Von innen. Im Kopfstand setze ich mich auf den Chefsessel und strecke die Füße in die Luft, als sie mich holen kommen. Die Jacke wird auf meinem Rücken geschlossen.

Als ich an Conny vorbeikomme, muss ich zucken, weil ich feststelle, dass auch ihr Name mit Co anfängt, und weil sie sagt: »Schon komisch, der Chef wollte gerade heute sein Gehalt erhöhen.« Ja, das Leben ist kein Lolli. Macht aber doch gar nichts. Viele, die mal ausgetickt sind, haben wieder einen Job gefunden. Das passiert tagtäglich.

Gut, ich hab jetzt kein konkretes Beispiel.

Kai der Kobold

Eine Frau, jung, attraktiv, selbständig, mit einer Brille, die ihr ausgezeichnet steht …

»Danke schön.«

… läuft an einem Herbstabend durch die Stadt. Sie ist auf dem Weg zu einem romantischen Abendessen mit ihrem Freund. Leise singt sie vor sich hin…

»Er ist das Beste, was mir je passiert ist, es tut so gut …«

Da plötzlich krack …

»Was? Hab ich meine Brillengläser zersungen?«

Nein, Sie haben sich im Gulli – krack – den Absatz von ihrem Schuh abgebrochen.

»Was, so eine blöde Scheiße.«

Da klettert ein kleines Männchen aus dem Gulli.

»Hau ab, du stinkst.«

»Aber ich bin Kai der Kobold, und erfülle dir drei Wünsche.«

»Ach so, dann wünsche ich mir ein neues Paar todschicke Schuhe mit Absätzen, die nicht abbrechen können.«

Kai der Kobold, macht Piff-Paff-Puff, und schon trägt die Frau neue Schuhe mit Absätzen, die nicht abbrechen können.

»Du, die Schuhe drücken noch ein bisschen. Ich wünsche mir schlanke Füße, die genau in diese Schuhe passen.«

Erneut macht es Piff-Paff-Puff. Die Frau hat schlanke Füße.

»Was ist nun dein dritter Wunsch?«, fragt Kai der Kobold.

»Ich wünsche mir, dass ich jetzt in das Restaurant komme, mein Partner schon auf mich wartet. Mir erzählt, dass er einen tollen neuen Job hat. An unserem Tisch steht die Band ›Silbermond‹ und singt ›Das Beste‹. Dann geht er auf die Knie, hält um meine Hand an – und gibt mir einen Verlobungsring mit einem riesigen Diamanten.«

»Okay. Äh, das ist aber echt also, schwer … Ginge noch was anderes?«

»Na gut. Mein dritter Wunsch: Wenn ich aus der Kälte in das warme Restaurant komme, werden die Gläser von meiner Brille nicht beschlagen.«

Da sagt Kai der Kobold: »Okay. Nochmal wegen des Ringes? Wie viel Karat?«

L
E
B
ESSEN
N
S
K
I
S
T
E
N

Essen gehen

•

•

•

Schatz ist weg. Jetzt machen Sie sich Sorgen, was? Das dürfen Sie auch. Schatz verbringt ein paar Tage bei ihrer Mutter und hat mich mit einer gefüllten Tiefkühltruhe zu Hause allein gelassen. Das ist nicht einfach. Statt schlicht in den Tag hineinzuleben, soll ich mich nämlich an alle Punkte halten, die sie mir auf eine Liste geschrieben hat. Da magst du überhaupt nicht mehr zu Hause sein. Beispielsweise ist es mir nicht erlaubt, das aus der Tiefkühltruhe zu essen, was ich möchte.

Auf der Liste steht ganz genau, was zuerst weg muss. Ist mir nach Linsensuppe, muss garantiert zuerst das Lamm weg. Am längsten halten sowieso die Fischstäbchen, die ich aber, wenn's geht, gar nicht machen soll, denn dann stinkt die Küche nämlich so. Echt?

Wenn ich sie doch unbedingt machen will, soll ich auf meine Klamotten achten, da geht der Gestank garantiert nicht mehr raus. Mir bleibt also die Wahl, entweder ich stehe heute nach der Arbeit nackt in der Küche und sehe gepresstem Fisch beim Verbrennen zu oder gehe gemütlich mit einem Kollegen essen. Dass auf meiner Liste von Schatz auch steht: »Geh nicht mit den Kollegen weg, die ziehen dich nur wieder runter«, übersehen wir jetzt mal. Außerdem ist es Norman, mein Vorgesetzter. Möglicherweise ist eine Kleinigkeit essen nach Dienstschluss genau das Entscheidende, damit meine Karriere richtig abhebt und wir uns schon bald eine Dunstabzugshaube leisten können, vor der sogar Kapitän Iglo Angst hat. Norman ist begeistert und schlägt vor, dass wir zum Mexikaner gehen. Das wird ein toller Abend.

Oha. Vielleicht war das doch keine gute Idee. Am Ende kommen noch fünf andere Kollegen mit, dann wird gesoffen, und ich hocke inmitten von ein paar besoffenen Gorillas. Dann doch lieber allein in der Küche stehen und aufgetautes Lamm essen.

Norman will schon los, ich zögere.

»Also nicht, dass es mir was ausmacht, aber kommen noch andere mit zum Mexikaner?«

Norman versichert: »Auf keinen Fall. Ich kenn doch deine Menschenallergie. Wir wollen doch nicht, dass du uns plötzlich ohnmächtig in die Enchilada fällst.«

Norman übertreibt etwas, damals, als ich während der Weihnachtsfeier plötzlich mit dem Kopf in einer Pizza lag, war mir hauptsächlich schlecht vom Zigarettenrauch und dann erst vom dummen Geschwätz des Partyvolks. »Wir sind ganz für uns«, beruhigt mich Norman. Danke. »Hast doch nichts dagegen, wenn meine neue Kleine, die Vicky, mitkommt«, sagt Norman und lädt die Vicky auch schon per Handy ein. Wobei er ihr zunächst von meiner Menschenallergie und der Weihnachtsfeierepisode erzählt.

Lautlos wedle ich wild mit den Armen. Ein international klares Signal. Auf der ganzen Welt heißt »Arme wild vorm Körper wedeln«: Ich geh nicht mit! Auf gar keinen Fall. Schon gar nicht, wenn deine neue Freundin dabei ist und ihr sowieso nur die ganze Zeit unter dem Tisch fummelt oder, schlimmer noch, euch gegenseitig füttert. Norman versteht null. Während der kalte Schweiß meine Stirnfalten überschwemmt, drückt er mir auch noch sein Handy ans Ohr. Vicky begrüßt mich und behauptet, auch sie könne keine Menschen leiden, und sie fände mich total süß und nett, und wir müssten uns deshalb unbedingt kennenlernen. Norman hätte ja auch schon so wahnsinnig viel von mir erzählt. Ach, was denn? Na, dass ich bei der Weihnachtsfeier mit dem … Schon gut, sonst noch was? Na, dass deine Frau gerade nicht da ist und du nur überleben kannst, weil sie dir vorher alles auf eine Liste geschrieben hat. Das find ich total süß von euch. Also, bis später. Aufgelegt. Norman bekommt sein Handy zurück und wischt es an der Hose ab. »So, jetzt brauchen wir nur noch einen schönen Tisch.«

Er guckt mich an. Bin ich Tischler? »Keine Sorge, ich rufe schon an«, meint er dann. Unbestritten, es gehört nicht zu meinen Stärken, einen Wirt anzurufen und um einen Platz zu betteln. Meiner Meinung nach sollte ein Restaurant für jeden, der gewillt ist, über 40 Euro auszugeben, stets einen Sitzplatz bereithalten. Sonst kann ich ja auch zum Drive-in gehen.

»Wollen wir uns nicht lieber kurz einen Burger holen?«

»Und was ist mit Vicky?«

»Nun, wenn sie ein eigenes Auto hat, können wir uns, da bin ich gar nicht so, mit ihr auf einen Parkplatz stellen, oder sie kann auch hinten sitzen. Bedauerlicherweise kann ich nicht auf dem Rücksitz einen Burger essen, das erinnert mich an meine schwere Kindheit ...«

»Halt mal den Mund. Siggi, bist du's?! Ja, super Mensch. Du hör mal, ich weiß, ihr seid heute Abend sicher wieder picke packe voll, aber ich brauch unbedingt einen Tisch für drei. Na klar, 'ne schöne Frau und der Kai. Was? Keine Sorge, der fällt schon nicht in die Enchilada. Klappt? Super, du, vielleicht kommen wir schon während der Happy Hour. Was? Du, ich hör dich ganz schlecht. Bis später.«

Norman erklärt mir, er habe ihn schon gehört, aber der Siggi habe ihn gebeten, doch erst später zu kommen. Auf keinen Fall, denn wenn wir noch in der Happy Hour die ersten Margaritas und vor allem das Essen bestellen, sparen wir eine Stange Geld. Leider bleibt keine Zeit, sich über seinen Geiz zu ärgern, er ist nämlich schon mit Angeben beschäftigt. Er fordert positives Feedback ein. »Und wie hab ich das wieder arrangiert?« Arrangiert ist französisch und heißt »Arschkriechen«, und das kann Norman sogar durchs Telefon. Echt, die schlimmsten Passagen des Telefonats habe ich Ihnen nämlich erspart. Beispielsweise als Norman immer wieder die Küche von Siggi gelobt hat. »Siggi, du hast die beste Küche der ganzen Stadt.«

»Wir lieben deine Küche, nichts geht über Siggis Küche. »So viel zu den Möbeln, aber wie ist das Essen? Und was soll das mit der Happy Hour? Nicht im Ernst hocken wir uns schon um sechs Uhr in eine Kneipe, in der wir erst ab sieben angemeldet sind.

»Nicht wir«, erklärt mir Norman, »nur du.«

»Was?«

»Vicky muss noch vom Bahnhof abgeholt werden.« Solange kann ich schon mal vorgehen, aber nicht plötzlich mit dem Margaritasaufen anfangen. Schade, jetzt hatte ich endlich einen Grund. Als Kompromissvorschlag biete ich an, vor dem Lokal zu warten. »Auf keinen Fall, einer von uns muss unbedingt schon in der Happy Hour da sitzen, sonst klappt das mit dem billigeren Essen nicht«, ruft Norman und ist weg. Kurz drauf sitze ich allein bei Siggi im »El Segundo«. Wenn mir mein kalter Schweiß nicht vorhin schon bei Vicky ausgegangen wäre, würde ich jetzt das Lokal fluten.

Der Einrichtung würde es sicher gut tun. Die gekachelten Tische sind leicht speckig. Wer auch immer die Kakteen an die Wand gemalt hat, muss entweder farbenblind oder aber zu viel von der Happy-Hour-Margarita getrunken haben. Das Lokal ist noch so gut wie leer. Toll. Der Wirt, er hört, wie erwähnt, auf den typisch mexikanischen Namen Siggi, kommandiert ein paar italienisch aussehende mexikanische Angestellte. Es ist noch so früh, dass sie die Lebensmittel einfach durchs Lokal tragen. Hat die mit blutigem Rinderfleisch angefüllte Wanne gerade gemuht? Sonst gibt es doch in Lokalen immer Musik. Warum ist keine Musik an? Da kracht es schon in den Boxen. Danke, Norman. Hier zu sitzen, allein an einem Tisch, der hoffentlich noch abgewischt wird, ist unangenehmer, als der erste Gast auf einer Party zu sein. Siggi kommt, schmeißt einen alten Lappen auf den Tisch, weil damit das Speckige auf dem Tisch besser verteilt werden kann. »Tequila für den Anfang?«

Gute Idee, wenn kein Haushaltsreiniger zur Hand ist, dann

empfiehlt es sich, den Tisch wenigstens mit hochprozentigem Alkohol abzuwischen. »Eine Limonade, bitte.«

Siggi grinst. Kurz drauf kommen endlich die ersten Gäste. Das halbe Lokal ist plötzlich voll. Alles Happy-Hour-Schnorrer! Als ob sie's gehört hätten, nehmen sie im deutlichen Sicherheitsabstand von diesem seltsamen Typen Platz, der da ganz alleine mit seiner Limo hockt und verlegen am Salzstreuer rumfummelt.

»Das kitzelt.« Um Himmels willen, der Salzstreuer spricht! Blödsinn, erklärt mir der Salzstreuer, das sei alles nur simple Telepathie. Immer wenn Leute alleine an einem Tisch sitzen und auf andere warten, seien sie irgendwann so verzweifelt, dass sie Kontakt mit Salzstreuern aufnehmen. Der Salzstreuer berichtet weiter. Er arbeite schon lange bei Siggi, ehrlich gesagt, schon als Siggi noch ein Italiener war, stand er auf den rotweiß karierten Decken. Das mit den Kacheln sei zumindest eine Weiterentwicklung, weil die einmal in der Woche abgewischt werden. Interessant. Hoffentlich kommt Norman bald. Ach Norman, lacht der Salzstreuer, der komme immer zu spät. Schon zig-Mal habe sich der Salzstreuer mit Mädels unterhalten, die auf Norman gewartet haben. Die Vicky sei aber neu, und die würde er auch noch nicht kennen.

»Vielleicht noch eine Limo«, unterbricht Siggi, während er mein noch zu einem Drittel volles Glas einfach konfisziert. »Das macht er immer so«, wird mir leise vom Salzstreuer versichert. Kein Mensch kann beim Mexikaner allein an einem Tisch sitzen ohne Getränk. Also wird noch eine Limo bestellt. »Chips und Salsa sind in der Happy Hour gratis«, flüstert mir der Salzstreuer zu. Na, dann her damit! Siggi rauscht leicht sauer ab, und der Salzstreuer und ich sind von nun an Freunde.

Das Gegenteil ruft in diesem Augenblick an: Norman. Die Vicky sei immer noch nicht angekommen. Trotzdem soll jetzt bestellt werden, weil, sonst sei die Happy Hour vorbei. Die beiden seien auf alle Fälle da, wenn das Essen auf dem Tisch steht. »Und was soll ich bestellen?« Norman verspricht eine SMS. Bitte nicht. SMS, die ach so praktische Kommunikationsform der oberflächlichen Menschenbenutzer. Weil diese emotionalen Krüppel ständig damit beschäftigt sind, ihre Umwelt auszusaugen, wird selbst eine Nachricht wie »I love you« auf ein »ilu« runtergekürzt. Unsicher und ohne Selbstbewusstsein jagen sie jedem Menschen hinterher, der gerade nicht da ist, obwohl sie gerade mit anderen Menschen am Tisch sitzen. Das ist nicht nur dumm, sondern vor allem auch unhöflich.

»Finde ich auch«, meint mein Freund, der Salzstreuer. Vor allem, weil unter anderem Salzstreuer keine Möglichkeit hätten, eine SMS zu schreiben. Tröstend erzähle ich, dass meine Daumen auch Schwierigkeiten hätten mit den immer kleiner werdenden Tasten.

»Eine Limo und Chips und Salsa.« Zwar von Siggi etwas unelegant auf den Tisch geknallt, aber trotzdem danke. Das Signal für neue SMS piept. Langsam scheint sich dieses Essengehen doch zum Positiven zu entwickeln.

Während ich für mich eine Tortilla-Suppe, die kleine Portion, bestelle, versuche ich die SMS von Norman zu lesen. »Maschweimirozwiulimosauc ohbo mitrei u avo u maiku.« Hä?! Siggi guckt missgelaunt aufs Handy: Mariniertes Schwein mit roten Zwiebeln in Limonensauce ohne Bohnen mit Reis und Avocados und Maiskuchen. Genau. Siggi hat zwar noch nicht aufgeschrieben, aber er zückt zumindest schon mal seinen Block, während es Schwierigkeiten beim Öffnen der SMS von Vicky gibt.

»Ich komm gleich nochmal«, grinst Siggi. »Lass ihn nicht gehen«, fleht mein Freund, der Salzstreuer. Das sei Siggis ältester Trick.

Er würde mich jetzt bis zum Ende der Happy Hour ignorieren! Schwarzmalerei. Außerdem gibt es größere Probleme. Die SMS von der Vicky ist geöffnet. Was meint die Vicky mit »Fick ddb klsamhuh«. Soll ich beleidigt sein? Und vor allem, was würde Schatz dazu sagen, wenn ich mit einer Frau essen gehe, deren SMS mit dem bösen Wort beginnt …

»Find ich cool, Kai«, hilft mir mein Salzstreuer. »Find ich cool Kai, dass du bestellst. Kleinen Salat mit Huhn.« Ach sooo. Der von vielen Menschen völlig zu Unrecht nur als Behälter für abgefülltes zerkleinertes Mineral eingestufte Salzstreuer läuft zur Hochform auf, als er auch noch erklärt, welche Nummern unsere Essen in der Karte haben. Acht für mich, Norman hat die 32, und die Vicky möchte gerne die 14.

Bleibt immer noch das Problem, dass Siggi sich um alle Gäste kümmert, nur nicht um uns. Wütend werden ein paar Chips gegessen. Das halbleere Limoglas hochheben, vielleicht lockt ihn das an. Negativ. Langsam, aber sicher geht die Happy Hour zu Ende und mal ehrlich, die Chips sind auch sehr sättigend. Am besten jetzt das Geld für die Getränke auf den Tisch legen und gehen. In Mexiko geht das. Es sieht fast so aus, als würde dem Salzstreuer bei diesem Gedanken eine Träne aus einer seiner verkrusteten Öffnungen treten. Es ist aber mein kalter Schweiß. Allein im Restaurant sitzen, umgeben von lachenden Grüppchen, nicht bestellen können – Das Leben ist kein Lolli!

Darauf ein besonders großes Chip ohne Salsa. Upps. Ganz schön trocken und spitz und, röchel, es klemmt im Hals.

Die Gäste des »El Segundo« bekommen sozusagen als Abschluss der Happy Hour ein ganz besonderes Schauspiel geboten. Der Gast, der allein an einem Tisch sitzt und sich wahlweise an seiner Limonade – übrigens leer – oder an einem Salzstreuer festgehalten hat, ringt deutlich sichtbar nach Luft.

Helfen kann im Augenblick leider niemand.

An vielen Tischen wird gerade serviert. Andere schlürfen einen Schluck nicht mehr ganz kalte Margarita, und auch Siggi, der Wirt, sieht, obwohl sich das Gesicht des Gastes ins Dunkelrote verfärbt, keinen Grund einzugreifen. Aus dem anfänglichen Röcheln wird ein verzweifelter Versuch, Luft durch den offenbar in der Luftröhre steckenden Chip zu saugen. Das irritiert jetzt auch die Gäste. Angewidert schieben sie die vor ihnen stehenden Chips zur Seite. Keiner steht auf. Aber immerhin beginnen sie, angesichts der hektischen Bewegungen, die der inzwischen Zu-Boden-Gefallene macht, mit Spekulationen. Vielleicht ist er allergisch gegen Salsa? Vielleicht hat der Zuckende mit dem inzwischen dunkelblauen Kopf einfach nur zu gierig gegessen? Von wegen blau … kann ja auch Alkohol sein?

Siggi, der Wirt, scheint inzwischen zu begreifen, dass es seinem Umsatz schaden könnte, wenn ich jetzt wirklich auf seinem Boden ersticke.

Mein Handy klingelt. Der gewünschte Gesprächspartner kann Ihren Anruf nicht entgegennehmen, er erstickt zur Zeit. Gerade will ich meinen Vertrag mit dem Dasein kündigen, packt Siggi mich von hinten und stellt mich auf die Beine.

Als hätte er das schon 1000-mal bei anderen Gästen machen müssen, führt er ein einwandfreies Heimlich-Manöver an mir durch. Der amerikanische Arzt Henry Heimlich empfiehlt, jeden, dem ein Chip quer im Hals hängt, von hinten zu umarmen – und solange zu drücken, bis entweder die frittierte Kartoffelscheibe oder der Brustkorb nachgibt.

Im hohen Bogen spucke ich den Chip in die Vorspeisentheke. Alles wieder okay. Siggi will schnell flüchten, doch obwohl noch nicht wieder richtig bei Kräften, stammle ich: »Die 8, die 32, die 14, zwei Margarita und ein großes Glas Limo.«

Alle gucken. Siggi notiert, die Uhr zeigt in dieser Sekunde das Ende der Happy Hour an – was für ein Triumph.

Zufrieden und rotbäckig erwarte ich hoffnungsvoll Norman, die Vicky und meine Tortillasuppe. »Das war ja mal eine Riesennummer«, lobt mich der Salzstreuer. So habe es noch keiner dem Siggi gezeigt.

Drei Gerichte in der Happy Hour plus Getränke, ein neuer Rekord im »El Segundo«.

Offenbar ist das der Beginn eines ganz neuen Lebens. Hier sitzt ein selbstbewusster Gewinner. Gleich werden Norman und die Vicky kommen, und es wird ein schöner Abend. Klar, sie werden sich vor aller Augen in den Kopf beißen. Wenn Norman aufs Klo gehen muss, werden sie knutschen, als würde sie ihn in den Krieg verabschieden. Klar wird unterm Tisch die ganze Zeit gefummelt, dann wird »heimlich« gesimst, und es ist ihm gleichgültig, ob ich dabei zusehe und wie ich mich fühle. Jetzt kommt aber der Hammer: Das regt mich null auf. Mister Drei-Gerichte-und-Getränke-Besteller oder wie sie mich in Mexiko nennen, »Don El Segundo«, braucht nicht den Respekt der Menschen, auf die er inzwischen eine Stunde gewartet hat. Mein neues Ich ist sein eigener Herr. Sollen die Kinder pubertär rumknutschen, ich esse meine Tortillasuppe, geh nach Hause und wenn dann auch Schatz wieder da ist, dann simsen wir, bis der Arzt kommt – aber nicht heimlich, sondern überall und auf dem Tisch.

Das Handy klingelt. Norman möchte wissen, warum ich gerade nicht drangegangen bin? Kurzes Husten, musste bestellen. Na, da sei ich jetzt aber wirklich selber schuld. Er habe doch extra angerufen, um mir zu sagen, die Vicky sei jetzt da und. Was und? Die Vicky kichert im Hintergrund, und Norman murmelt irgendwas von »nicht schon am Bahnhof in die Hose gehen«, bevor er mir berichtet, dass die Vicky mit ganz schlimmen Kopfschmerzen angekommen sei und er die Vicky jetzt nach Hause bringen müsse, wir aber auf alle Fälle demnächst mal zu viert essen gehen, das soll ich auch unbedingt dem Siggi sagen, denn sonst bekommen wir dort nie wieder einen Tisch. Dann hört es sich an, als würde ein Hund Normans Handy ablecken. Vielleicht ist es wirklich ein Hund, denn bevor Norman auflegt, höre ich ihn noch rufen: »O mein Gott, du gierige Bestie, nicht beißen.«

Wir haben ein Problem. Mein Salzstreuer und einziger Freund behaupt sofort, dass ich auf keinen Fall das Essen wieder abbestellen könne, immerhin habe mir Siggi ja auch das Leben gerettet.

Wenn du vom Wirt sprichst, biegt er schon voll beladen um die Ecke.

Zerknirscht stellt er die Gerichte ab und meint: »Guten Appetit zum Happy-Hour-Tarif und bitte vorsichtig essen.«

Nicht mehr ganz bei Kräften halte ich Siggi am Ärmel fest.

»Nie den Siggi am Ärmel festhalten«, ruft der Salzstreuer.

Eine kleine Übertreibung. Siggi nimmt das mit dem Ärmel vergleichsweise gelassen. Der Versuch, die auf dem Tisch stehende Bestellung rückgängig zu machen, versetzt ihn in Wut, die Frage nach der Rechnung in Rage.

Ob ich wüsste, wie viel Leute heute Abend diesen Tisch hätten haben wollen?

Er habe zig Leuten – unter anderem auch guten Freundinnen – absagen müssen, nur weil ich hier den Platz belege. Für Norman, der ein unhöflicher Sack sei, weil er noch nicht mal Grüße ausrichten lassen würde.

Hier hake ich ein und gestehe, dass ich den Gruß vergessen habe.

Siggi ist nicht mehr zu stoppen. RAUS. LOKALVERBOT. Dann sammelt er die Teller wieder ein und rauscht ab in die Küche.

Starr hocke ich noch für einen Moment da und frage mich, ob ich nicht wenigstens die Getränke bezahlen soll. Aus der Küche ist eine Mischung aus bayrischen und mexikanischen Schimpfworten zu hören »Cochonesloserhundskrüppel«. Ist das eine SMS-Abkürzung? Mein Salzstreuer erklärt mir zum einen, dass ich auf keinen Fall zahlen soll, sonst würde der Siggi wahrscheinlich handgreiflich und dass »Cochonesloserhundskrüppel« sowohl meinen gesamten Körperbau als auch meine Fortpflanzungsfähigkeiten in Frage stellen würde. Wenig später verlasse ich unseren besten Tisch im Lokal, will gerade zur Tür rausgehen, da stellt sich mir Siggi in den Weg.

»Taschen ausleeren, sofort.« Es folgt ein Schauspiel für die Gäste jenseits der Happy Hour. Als Siggi entdeckt, dass der seltsame Kerl, der sein ganzes Essen zurückgehen ließ, auch den Salzstreuer hat mitgehen lassen, wird er handgreiflich. Schwere Schläge einsteckend, werde ich auf die Straße geprügelt. Verliere dabei mein Handy. Lande schließlich auf dem Parkplatz. Wenigstens blute ich nicht. Im Hintergrund springt der etwa 200 Kilo schwere Wirt auf einem Salzstreuer rum. Gerade will ich den Tod meines Freundes beweinen, da wirft Siggi mir noch das Handy hinterher, es knallt an meine Stirn. Blut. Das Handy geht noch, es klingelt. Schatz ist dran. Sie ist mit dem Zug angekommen. Extra früher. Überraschung!

»Und weißt du, was wir jetzt machen?«, jubelt sie. »Wir gehen schön was essen. Ein guter Freund von mir hat doch diesen tollen Mexikaner empfohlen: ›El Segundo‹. Die haben eine unglaublich gute Küche.«

Zahlen bitte!

Ein italienisches Restaurant. Name: »Tra Di Noi«. Hier kannst du an drei Arten von Tischen sitzen. Es gibt Tische direkt im Zug, genau das Richtige für alle, die nach einem Grund suchen, nicht zur Arbeit gehen zu müssen. Wer lieber sportlich ist, entscheidet sich für Tische am Gang. Hier musst du alle zwei Minuten aufstehen, damit jemand mal ganz kurz vorbei kann. Wer lieber verhungern und verdursten will, für den bietet das »Tra Di Noi« den Tisch im Abseits. Hier könntest du ein italienisches Restaurant aufmachen – keiner würde es merken. Schatz liebt diesen Tisch, weil er genau das Richtige ist für ein Paar, das endlich mal wieder schön alleine essen gehen möchte.

Ich bin mir nicht ganz sicher, aber gefühlt sind wir seit dem frühen Nachmittag hier. Das hat nur Vorteile, das Restaurant ist noch leer, statt durch frischen Zigarettennebel zu latschen, stört bestenfalls der kleine Rest kalter Rauch. Nicht schlimm, das gibt dem Lokal südländisches Flair. So konnte noch im letzen Jahrhundert argumentiert werden – dummerweise darf in Italien schon lange nicht mehr in Restaurants geraucht werden. Unsere Klamotten stinken also schon, während wir uns hinsetzen und bestellen. Schatz sitzt noch nicht, da habe ich schon gesagt: »Apfelsaftschorle, Spaghetti Genovese, den Parmesankäse nicht vergessen und die Rechnung bitte.« Schatz erklärt, ich würde einen Witz machen. Das würde ich nie tun! Allein schon, weil unser Wirt Fausto nie lacht. Einmal hab ich ihn kurz lächeln sehen, das war in der 119. Minute, als uns Totti aus dem Halbfinale getreten hat. Seitdem kein Zucken im Mundwinkel, und irgendwie beschleicht mich der Verdacht, dass er damals auch schon das schmutzige Hemd anhatte, in das er seinen Bauch einpackt, der so groß ist wie die Toscana. »Fausto, wir schauen erst mal auf die Karte, oder hast du heute auch noch etwas Spezielles?«, fragt Schatzi.

Ohne von seinem Block hochzuschauen, zeigt Fausto auf eine Schiefertafel, die entweder von einem Kleinkind oder einem Besoffenen bekritzelt wurde. Schatz lächelt, Fausto guckt mich an und will wissen: »Große oder kleine?« Mal überlegen, weil wir leider doch nicht gleich die Rechnung bekommen, werden wir mit Sicherheit die nächsten drei Stunden an diesem Tisch zubringen. Da können ein paar Kohlenhydrate nicht schaden.

»Bitte eine große Portion Spaghetti Genovese.«

»Fausto möchte wissen, ob du eine große oder kleine Apfelsaftschorle möchtest. Er möchte eine große und für mich ein Wasser und dann möchte ich noch einen Moment in die Karte gucken.« Fausto nickt. Klappt seinen Block wieder zu. Wir werden erbärmlich verhungern! Die Chancen, dass Fausto heute Abend wieder an unseren Tisch kommt, bewegen sich gegen null. Inzwischen sind auch andere Gäste gekommen. Gäste, die Wein trinken! Apfelsaftschorletrinker sind die einzigen Gäste, die in einem Restaurant noch mehr benachteiligt werden als Nichtraucher. Jeder Kindertellerbesteller bekommt mehr Aufmerksamkeit als ein Apfelsaftschorletrinker. Warum? Kinder bekommen zum Nachtisch ein Eis! Uns Apfelsaftschorletrinker wird noch nicht mal ein Cappuccino gegönnt, weil wir dann wieder die ganze Nacht wach sind. Das Leben ist kein Lolli, und Fausto kommt, wie bereits befürchtet, nicht wieder. Hätten wir uns doch nur ein Brot eingepackt! Da geschieht ein Wunder: Ein junger Mann mit digitalem Block, schlank und frischem Hemd kommt an unseren Tisch. Sind das Hungerhalluzinationen? Nein. Er stellt sich vor als Sohn von Fausto. Sensationell. Genau das Gegenteil seines Vaters. Er lächelt, ist freundlich, und als er jetzt Schatz zuvorkommend vorliest, was auf der Schiefertafel steht, muss ich fast weinen. Nicht wegen des schleimigen Italieners, der gerade in den Ausschnitt von Schatz fällt.

Nein, sondern weil sie die frischen Muscheln von der Schiefertafel bestellt und ich am Ende des Gekritzels erkenne: »28 Euro.« Das Lokal füllt sich. Neben uns wird immerhin der Herzchirurg aus der Stadtklinik gesetzt. Er bestellt eine schöne Flasche vom teuersten Barolo. Faustos Sohn lächelt und nickt uns im Weggehen zu. Heißt, es besteht eine Chance, dass wir in diesem Leben noch was zu essen bekommen. Dann geht plötzlich alles ganz schnell. Schatz kriegt Muscheln, ich Spaghetti – wir fragen, ob wir noch etwas Brot haben können? Während ich esse, meint Schatz: »Schling nicht so!« Was würden Sie tun, wenn Sie so lange auf Nahrung gewartet haben? »Deine Schlingerei ist der Grund, warum wir dir nur Spaghetti Genovese bestellen können.« Das muss doch nun wirklich nicht jeder wissen. Der Herzchirurg hört mit dem Baroloschlürfen auf und erfährt nun, dass ich seit Jahren nicht mehr Bolognese bestellen darf, weil die Soße immer auf meinem besten Hemd landet. Genovese kommt ohne Soße, also genau das Richtige für den Bub, erzählt Schatz, und ich kann nicht fassen, dass sie dabei dem Barolo-Schlürfer zuprostet. Sie sieht mich an und meint: »Ach ja, endlich waren mal wieder nur wir zwei ganz allein schön essen.« »Schön sauteuer essen« beschreibt es meiner Meinung nach treffender. Nun kommt Faustos Sohn. Name: Klaus. Seine deutsche Mutter hat drauf bestanden. Klaus trägt leere Teller ab, die nie wirklich halbvoll waren. Ich hole Luft, um zu sagen: Wir möchten dann auch gerne … ähh … nein, tu es nicht, verdirb nicht alles. Frauen hassen es, wenn Männer an dieser Stelle schon zahlen wollen. Angeblich ist das nämlich ein Zeichen dafür, dass man sowieso keine Lust hatte, essen zu gehen, alles runtergeschlungen hat, mit dem Kopf ganz woanders war und überhaupt, wie heißt sie und ist sie jünger?

Klaus fragt, ob es noch »due espressi« sein dürfen?

Ich nicke, lege diskret meinen Geldbeutel auf den Tisch, sodass Klaus ihn sehen muss, und schaue fragend Schatz an, ob sie auch »due espressi« möchte? Für sie nur einen und für mich keinen, erklärt sie, um dann ein Referat zu beginnen. Thema: »Die Schädlichkeit des Espresso für Männer über 30 vor dem Hintergrund der zunehmenden Verrohung von Ess- und Tischsitten«. Schatz erzählt so ausführlich, wie schädlich Espresso für mich ist, dass der Herzchirurg am Nachbarstisch schon seine Gummihandschuhe anlegen möchte. Was soll's? Dann bestelle ich eben nur die Rechnung. Bescheuert, einfach nur bescheuert. Bis hierhin ging doch alles gut. Mühsam habe ich mit den Händen einen schönen Abend aufgebaut, bin sogar bis zu dem seltenen Punkt gekommen, an dem Schatz mich mehr lobt als tadelt, und nun reiße ich mit dem Hintern alles ein. Nur ein Stoffel, Klotz, egozentrischer Eigenbrötler, Mistkerl, lässt an dieser Stelle eines romantischen Abends die Rechnung kommen. Wenn Blicke töten könnten, wären auch alle Bemühungen des gerade erfolgreich zahlenden Herzchirurgen bei mir zwecklos. Schatz ist stocksauer und schweigt. Wir schweigen. Der Herzchirurg hilft seiner Tischdame in den Mantel und geht. Schon sitzen die nächsten am Tisch. Der Wunsch nach unserer Rechnung geht im erfolgreichen Bestellen des Nachbartischs unter. Klaus sieht mich winken: »Ach ja, Sie wollten noch due espressi, kommen gleich. Was? Ach, die Rechnung, ja kleinen Augenblick, Papa wechselt gerade die Rolle.«

Ganz tief drin hoffe ich inständig, dass die Papierrolle von der Kasse gemeint ist. Wir warten. Durch die offene Küchentür ist Fausto bei einer Zigarettenpause zu sehen. Ich schwitze. Wir schweigen. Ich zupfe an dem hässlichen Gestrüpp rum.

»Hör auf, die schönen Blumen kaputtzumachen!«, schimpft Schatz. Wir schweigen. »Das Mädchen, das der Doktor mit dabei hatte, war doch viel zu jung.«

Ich nicke. Fast sieht es so aus, als würden wir wieder diplomatische Beziehungen aufnehmen, da unterläuft mir der nächste Fehler. »Könntest du bitte aufhören, die angetrocknete Rahmsoße von der Tischdecke zu knibbeln?!« Wir schweigen länger. Wir merken, wie uns alle angucken und denken: »Na die zwei haben sich aber auch nichts mehr zu sagen.«

Plötzlich – Klaus huscht vorbei. Ich winke, rufe, winke mit dem Geldbeutel in der Hand. Dann sind Schatz und ich ganz plötzlich wieder ein unzertrennliches Paar, wenn ich winke, und sie ruft: »Da drüben war er! Jetzt ist er da vorne … dreh dich doch mal um … du musst winken, wenn er dich sieht!« Halb aufgestanden und Arme wedelnd gebe ich ein erbärmliches Bild ab und werde konsequent übersehen, bis ich beim Winken die Vase, die leeren Gläser und den Aschenbecher vom Tisch fege. Das ganze Restaurant ist für einen Moment still.

»Wir hätten gerne die Rechnung«, sagt Schatz, während ich hastig über den Boden krieche und Runtergeschmissenes zusammensuche. Behutsam stellen wir alles wieder hin und streichen etwa 20 Minuten die Tischdecke glatt. Anschließend wird wieder geschwiegen. Als zwei Stunden später Fausto an unserem Tisch steht und seinen Geldbeutel hinschmeißt, dürfen wir endlich zahlen, werden aus italienischer Gefangenschaft entlassen und sind einfach nur noch glücklich. Auf dem Weg zum Parkhaus darf Schatz sogar meine Hand halten. »War doch mal wieder ganz schön«, lügt sie und meint beim Runtergehen ins Parkhaus dann: »Du hast das Ticket.« Ich durchsuche meine Taschen, spüre ein aufsteigendes Zucken in der Brust und frage mich, wo mag der Herzchirurg gerade sein?

Kai der Kobold

•
•
•

Eine Frau, jung, attraktiv und selbständig …

»Danke schön.«

… fährt mit ihrem Kleinwagen, Tachostand 209 866 Kilometer nach Hause.

»Hoffentlich schafft mein Johnny das noch.«

Johnny?

»Ich habe mein Auto nach Johnny Depp benannt. Weil der Lack von meinem Johnny ist genauso perlmuttschwarz, wie die Haare und die Augen von Johnny Depp.«

Während sich der perlmuttschwarze Johnny mitsamt seinen Roststellen den Drackensteiner Hang hochquält, sitzt plötzlich auf dem Armaturenbrett Kai der Kobold.

»Muss das sein? – wenn Johnny einen Berg hochfahren muss, können wir eigentlich kein Zusatzgewicht mehr gebrauchen.«

»Ich erfülle dir drei Wünsche.«

»Na gut. Ich wünsche mir einen neuen Motor für Johnny.«

Es macht Piff-Paff-Puff, und Johnny fährt lässig mit neuem Motor den Berg rauf.

»Super, als nächstes wünsche ich mir, dass alle Teile an Johnny wieder wie funkelnagelneu sind.«

Wieder macht es Piff-Paff-Puff, und Johnny sieht aus wie am ersten Tag.

»Was ist dein dritter Wunsch?«, fragt Kai der Kobold.

»Ich wünsche mir noch ein Navigationsgerät. Aber ein ganz besonderes. Eins, das mir wirklich immer den schnellsten und kürzesten Weg sagt und das die Stimme von Johnny Depp hat.«

»Okay«, meint da Kai der Kobold, etwas verlegen, »äh, das ist aber echt also, schwer. Ginge noch was anderes?«

»Na gut. Dann wünsche ich mir, dass die Vollдeppen in ihren Oberklasseautos nicht immer so dicht und lichthupend auffahren.«

Da meint Kai der Kobold: »Nochmal wegen des Navi. Die Synchronstimme oder Johnny Depp im Original?«

L
E
B
E
NERVENSÄGEN
S
K
I
S
T
E
N

Klingeln

•

•

•

Schon in der Bibel steht: »Das musst du nur richtig verkaufen, dann klappt das!« Doch, das steht da! Entweder als Gott Moses die Steintafeln gibt oder als Eva von der Schlange den Apfel bekommt. Vielleicht steht es da auch nicht, aber das spielt jetzt wirklich keine Rolle. Wir müssen jetzt nur dafür sorgen, dass alle merken, was für ein Knallerbuch Sie gerade lesen. Erste Übung. Sie gehen sofort zu ihrem Nachbarn, klingeln und sagen: »Mensch, also ich lese gerade das neue Buch von Kai Karsten ›Das Leben ist kein Lolli‹ – du schmeißt dich weg.«

Halt! Das mit dem »schmeißt dich weg« geht doch nicht so gut. Könnte ja sein, dass der Nachbar nicht so gut zuhört und meint, Sie haben gerade das Buch in den Müll geworfen. Doch, das kann passieren, Sie haben keine Ahnung, wie doof Nachbarn sind. Sagen Sie: humorvoll. Super. Sofort klingeln gehen und sagen: »Mensch, also ich lese gerade das neue Buch von Kai Karsten ›Das Leben ist kein Lolli‹ – echt humorvoll.« Sekunde. Vielleicht sagen Sie nicht »ich lese gerade« – lesen, da denkt Ihr Nachbar: strengt an, nie findet man einen gemütlichen Platz, dann tut der Rücken weh, es ist ermüdend. Lassen wir das mit dem Lesen weg. Also, einfacher, schneller: Klingeln, lächeln wäre auch ganz nett, aber natürlich bleiben. Nichts nervt mehr als unechte Werbung. Einfach locker sagen: »Mensch« – das ist übrigens der echt megastarke Einstieg.« »Mensch!« Nicht ein abwertendes »Hallo, Nachbar« oder ein plump anbiederndes »Ey Alder.« »Mensch« – ist astrein. Wir machen das jetzt so. Sie klingeln und sagen: »Mensch, also ich gerade das neue Buch von Kai Karsten – ›Das Leben ist kein Lolli‹ – echt humorvoll.« Halt, es holpert. Am besten wir werfen mal einen Blick auf Sie durch die Brille eines anderen.

Doch – Marketing-Regel Nummer eins: Wer von außen draufguckt, weiß mehr als derjenige, der das Produkt gemacht hat. Das Buch sei das Produkt, und Sie könnten da dem Autor auch einiges von außen sagen. Dürfen Sie, klar, aber wenn Sie gleich bei Ihrem Nachbarn klingeln, dann sind doch erst mal Sie das Produkt. Logisch – sonst müsste das Buch ja klingeln. Gute Idee. Bin mir sicher, die vom Verlag schaffen das. Nicht bei dieser Auflage, aber wenn wir das Buch jetzt an Ihren Nachbarn verkauft kriegen, kommt genug Geld rein, damit wir das technisch hinkriegen. Bei der nächsten Auflage müssen Sie nicht mehr zum Nachbarn, da klingelt das Buch selber. Bingo! Hier und heute bleiben wir aber bei Ihnen. Mir persönlich gefallen Sie ja gut. Nur, erlauben Sie die Frage: So wollen sie zum Nachbarn gehen? Ernsthaft, können wir davon ausgehen, dass Sie in diesem Outfit ernst genommen werden? Laufen Sie jeden Tag so rum? Hier geht es um ein kleines, vielversprechendes, humorvolles Buch, da müssen wir echt aufpassen, dass da nicht die falsche Botschaft ankommt. Sie laufen immer so rum? Verstehe. Nur mal so in den Papierkorb gesprochen: Was wäre mit der Investition in eine Stilberatung? Sie würden, wenn ich zahle? Kein Problem. Grundsätzlich gilt: Geld ist immer da – es muss aber auch dafür stehen. In Ihrem Falle hängt es schon ein bisschen davon ab, wie viele Nachbarn Sie haben. Nur mal so als Hausnummer, 100 sollten es schon sein. Nicht? Null Problemo. Hier kommt die viel bessere Idee. Wir lenken einfach von Ihrem Outfit ab. Wir sorgen dafür, dass Ihr Nachbar, wenn Sie gleich klingeln, schon ganz heiß auf Sie und Ihre Botschaft ist. Wir machen ein Mailing! Ja, wie genial ist das denn! Gib mir fünf, Baby! 'tschuldigung. Aber ich dachte, weil wir gerade so gut zusammenarbeiten, könnten wir hochspringen und unsere Handflächen aneinanderschlagen. Nicht?

Aber immerhin ist das unser Projekt, wir haben die gleiche Vision, da sollten wir uns schon duzen. Zurück zu unserem Projekt, also du schickst roundabout 2000 Mails an deinen

Nachbarn. Immer dieselbe Botschaft. »Komme gleich klingeln.« Kolossal. Nun denkst du vielleicht: 2000 Mails, immer derselbe Inhalt, das nervt doch. Keine Sorge. Dein Nachbar ist, das beweist uns auch immer wieder die Markforschung, so abgelenkt von den vielen Werbebotschaften, die der tagtäglich bekommt, da müssen wir erst mal durchdringen. Heißt: Wenn dich das Mailen schon lange nervt, da merkt der erst, dass du gleich klingeln kommst. Sehr schön. Wir sind spitze, cool, geil. Doch! Das musst du dir auch immer sagen. Wir brauchen positive Botschaften und ein persönliches Ziel, das wir am besten aufschreiben. Schreib! Ich bin selbstsicher, souverän und echt schnaffte! Doch, schnaffte. Damit machst du dich unverwechselbar. Souverän und selbstsicher, so positionieren sich viele, aber nur du bist schnaffte! Steh auf, geh raus, klingle beim Nachbarn! Allein? Wieso allein? Entschuldigung – wir sind doch ein Team – ein ganzes Network. Hinter dir stehen ein Buch, eine geniale Marketing-Strategie und nicht zu vergessen, unser Catch Phrase: »Mensch, also ich gerade das neue Buch von Kai Karsten ›Das Leben ist kein Lolli‹ – echt humorvoll.« Shit – das holpert immer noch. Komm, wir brainstormen. Mal entre nous. Kai Karsten? Den kennt doch kein Schwein! Schon gar nicht dein Nachbar. Das müssen wir irgendwie erklären. Das ist jetzt noch ins Unreine – Kai Karsten, der Kia Sorrento unter den Humorvollen. So in die Richtung. Bloß nicht vergleichen mit anderen Autoren, weil vielleicht liest ja dein Nachbar gar nicht. Ist nicht schlimm, wenn wir das nur richtig eintüten, dann kauft der das Buch trotzdem.

Deshalb der Vergleich mit einer bekannten Automarke. Wobei, wenn dein Nachbar gar nicht Auto fährt oder falls er mal zugesehen hat, als sich die Rückbank vom Kia Sorrento nicht umklappen ließ – da kommt ja dann voll die falsche Botschaft an. Hier ist, was wir machen: Wir lassen den Namen einfach weg. Genau. Schon Antoine de Saint-Exupéry sagt: »Ein Text ist nicht dann vollkommen, wenn man nichts mehr hinzufügen, sondern nichts mehr weglassen kann.« Saint-Exupéry, kennst du? Der SUV unter den Dichtern, damals – als es noch kein Allrad gab. Whatever! Du schickst die Mails raus, ziehst dir was Anständiges an, klingelst beim Nachbarn und sagst: »Mensch, also ich gerade das neue Buch: ›Das Leben ist kein Lolli‹ – echt humorvoll.«

Los geht's! Da machen wir jetzt den Knopf dran. Da hab ich jetzt echt was Tolles auf die Beine gestellt. Ein Grund, stolz zu sein. Andere schreiben Bücher. Ich verkauf sie auch noch. Good Job. Bisschen viel Eigenlob. Ach was, kann gar nicht genug sein. In diesen modernen Zeiten zählt das fleißige Bienchen im stillen Kämmerlein nicht mehr! Von wegen Kämmerlein. Wie wär's? Du legst endlich das Buch aus der Hand, um beim Nachbarn zu klingeln. Sekunde. Das mit dem Buch aus der Hand legen war nicht so gemeint. Kommt viel besser, wenn du beim Klingeln das Buch in der Hand hältst. Vielleicht in jeder Hand eins. Kannst ja mit der Nase klingeln. Bis gleich. Ich warte hier.

Vielleicht sollte ich dem Verleger noch eine Mail schicken. Das erste Buch in seinem Verlag, das im Buch den Leser davon überzeugt, fürs Buch Werbung zu machen! Astrein. Das ist kein durch Talkshows-Tingeln, in Buchhandlungen lesen. Das ist kein Mittelalter-Marketing – das ist schnaffte. Du bist ja immer noch da? Das ist hier aber wirklich 'ne schwere Geburt. Wo klemmt es denn jetzt noch? Soll ich dir deinen Satz nochmal aufschreiben?

»Mensch, also ich gerade das neue Buch: ›Das Leben ist kein Lolli‹ – echt humorvoll.« Wobei, für meinen Geschmack ist das, offen gesagt, noch etwas selbstverliebt. Schon mal was von »Kiss« gehört? Englisch für Küssen? Quark. »Kiss« ist die Abkürzung für »keep it simple stupid«. Grundsatz in der Werbung! Lernst du selbst auf der Werbeakademie in Pforzheim. Zweites Semester. Wenn wir das befolgen, müssen wir eigentlich das »also ich gerade« kürzen, das kapiert keiner. Glaub mir, ich habe da Erfahrung, ist zwar mein erstes Buch, aber ich hab schon ganz viele Bücher gekauft. Unser Phrase heißt also »Mensch, das neue Buch: ›Das Leben ist kein Lolli‹ – echt humorvoll.« Da wird dein Nachbar aber schauen, wenn du jetzt klingelst und ihm diese Message bringst. Wie, keine Lust?

Da mach ich hier mit dir einen Crash Kurs Marketing und du hörst den Schuss nicht. Aua! Da hat doch gerade wirklich jemand auf mich geschossen. Der Autor von vorn. Da schreib ich nur ein paar Seiten hier ins Buch, um das Produkt zu verbessern, und der knallt mich einfach ab. Das geht doch nicht, ich hab … Marketing studiert. Fortbildungsseminare im Ausland absolviert. Ich weiß, was ein »USP« ist. Wo wäre denn dieser kurzsichtige Schreiberling, wenn ich ihm nicht beim Vermarkten helfen würde? Der spinnt doch. Muss bloß nicht denken, Bücher sind was anderes als Waschmittel. Alles das Gleiche. Das ist ein Markt, und wenn du da dem Kunden nicht sagst, wo es langgeht, dann kaufen die aber nur noch Harry … der hat mich echt getroffen … Potter. Mir doch egal. Das Marketing ist nicht totzukriegen. Ich bin geboren für den Verkauf. Schon als kleiner Junge beim Lagerbauen. Die anderen haben gehämmert und gesägt, ich habe neue Bandenmitglieder akquiriert. Ohne uns im Marketing läuft gar nichts, immer diese eingebildeten Idioten, die glauben, sie machen die ganze Arbeit, weil sie das Produkt bauen.

Blödsinnn! Wenn ein Auto verkauft wird, da geht es doch nicht darum, dass das Auto fährt. Da zählt die Idee vom Fahrkomfort. Und diese Idee … ich glaube, diese Woche wird nichts mehr aus meiner 80-Stunden-Arbeitswoche … ist ein Riesenloch, das er mir da in meinen Boss-Anzug geschossen hat. Wo war ich? Idee. Image. Darauf kommt es an. Warum geht es denen in Afrika so schlecht? Keine Marketing-Abteilung. Mir dreht sich alles. Mal Bottomline, technisch gesprochen – das war's für mich. Mir bleibt roundabout noch eine halbe Seite. Dann zieh ich die Nummer mit dem Nachbarn eben allein durch, bevor ich im Himmel anfang. Klar komm ich in den

Himmel. Unter uns, Gott hat auf so einen wie mich gewartet. Kreativ, konsequent … krepier ich jetzt wirklich? Schnell beim Nachbarn klingeln. Wieso macht der denn die Tür nicht auf? Wie war nochmal unsere Catch-Phrase? Ich sehe das weiße Licht. Die bereiten mein Büro im Himmel vor. Da kommt der Nachbar, machen wir es ganz kurz. Keine lange Einleitung, keinen Schluss!

»Guten Tag, Sie haben geklingelt, was gibt es denn?«

Das … »Ja?« … Das Leben ist kein Lolli.

Wenige Tage später.

Ein Autor, mit einem dunklen Geheimnis, sitzt an seinem Schreibtisch und überlegt sich, warum es eigentlich Obstaufkleber gibt?

Banane, Pfirsich, Apfel in einer Schale. So schön anzusehen, dass du dich hinsetzen möchtest, um ein Stillleben zu malen. Besser nicht. Wenn ich nur daran denke, wie schwierig es sein muss, die kleinen Sticker auf dem Obst zu zeichnen … da schneidest du dir noch vor Wut das Ohr ab. Es würde uns doch was fehlen, wenn wir außer Apfel waschen, über Umweltgifte nachdenken, plötzlich aufs Aufkleber runterknibbeln verzichten müssten. Nicht zu vergessen, das anschließende Grübeln, wohin jetzt mit der blöden Papierkugel? Hand hoch, welcher Volldepp ist denn eigentlich wieder auf diese Idee gekommen?

Obstaufkleber. Entschuldigung? Reicht es nicht, dass ich drei Wochen meiner Pubertät im Hungerstreik verbracht habe, bis mir meine Eltern einen Marco-Polo-Pullover gekauft haben? Muss ich im Greisen-Zielgruppenalter von über 35 wirklich noch miterleben müssen, wie jetzt auf wehrlose Äpfel Aufkleber gebeppt werden, bis sie davon faulige Flecken kriegen? Von der Brutalität gegen Pfirsiche ganz zu schweigen. Da hat die arme Frucht schon Pfirsichhaut und dann wird ihr auch noch beim Aufkleber abreißen eine tiefe Fleischwunde zugefügt. Millionen von Jahren ist Obst auch ohne Aufkleber vom Baum gefallen!

Okay. Ein einziges Mal hätte man ruhig einen Aufkleber

draufmachen können, aber wo war denn das Marketing, als wir den Apfelaufkleber brauchten. »Wer mich isst, fliegt raus?« Wahrscheinlich weiß noch nicht mal der Apfelerfinder davon. Zur gleichen Zeit im Himmel, ganz weit oben.

»Petrus, kommst du mal?«

»Ja, Chef.«

»Was ist das?«

»Ein Apfel«, antwortet Petrus. Der Chef runzelt die Stirn und sagt:

»Nein, das kleine Popelige da?«

»Ein Aufkleber«, erwidert Petrus.

»Was macht der Scheißaufkleber auf meinem Apfel?« Schimpft der Chef.

Petrus ist um eine Erklärung bemüht. »Chef, das ist eine Idee gewesen von einem Neuzugang. Der kommt aus dem Marketing. Von dem können wir echt noch viel lernen. Wissen Sie, Chef, es kommt gar nicht so sehr drauf an, was Sie da so in einer Woche geschafft haben, das wissen die Menschen gar nicht zu schätzen.«

Da wurde der Chef sehr nachdenklich. Lange schwieg er, dann seufzte er und meinte: »Petrus, das Leben ist kein Lolli.«

»Sagen Sie das nicht zu laut, Chef. Das kann teuer werden – unser Neuzugang aus dem Marketing sagt, er hat alle Rechte an dem Spruch.«

Langbleiber

•

•

•

Samstagabend. Ein befreundetes Paar kommt zum Kochen. Ist ganz was anderes als so ein Essen im Restaurant. Ein Abend zu viert daheim ist viel günstiger, gemütlicher und auch hirnrissiger. Unser Heim ist unsere Höhle! Unser letzter Rückzugspunkt, wer über die Fußmatte mit der Welcome-Aufschrift geht, sollte erschlagen werden. Damit der Mensch wenigstens samstagabends seine Ruhe hat, wurden doch extra Gaststätten, Partys und Kinos erfunden. Ich will nicht den ganzen Tag meine Sachen wegräumen, nur weil Fremde in meine Wohnung kommen. »Die haben uns schließlich vor ein paar Wochen auch zu sich eingeladen.« Na und, da sind wir nur hingegangen, weil ich grenzenlos opferbereit bin. Allein der Gedanke an das Ratatouille bringt mich jetzt noch dazu, sofort und für Stunden auf der Gästetoilette eingeschlossen zu sitzen. »Bitte geh jetzt nur noch im Bad aufs Klo.« Die Eindringlinge kommen erst in einer halben Stunde, und ich darf nicht mehr auf mein eigenes Klo! »Du lässt immer deine Elektromarktprospekte liegen.« Na und, Millionen Menschen lesen auf dem Klo. »Die Süddeutsche, Mankell, Walt Disney, lustige Taschenbücher – aber nicht Elektromarktprospekte.« Unsere Klingel heult auf. Wie peinlich. Das Teil gehört dringend ausgewechselt. Würde das gerne übernehmen, doch ab jetzt wird auf dem Klo nur noch Mankell gelesen und der hat meines Wissens keine günstigen Klingelangebote mit Abbildung in Originalgröße. »DEINE SCHUHE!«, schreit Schatz aus der Küche, kurz bevor ich die Tür öffne. Was ist mit meinen Schuhen, diese Schuhe trage ich immer zu Hause. Seit Jahren. Original »Sieben Zwerge Schuhe« aus Disneyland, Waldmeistergrün. Das ist mein Zuhause, da kann ich rumlaufen, wie ich will. Ein Tipp. Sagen Sie so was nie, wenn sich ihre Partnerin gerade in der Küche befindet. Zu spät.

Schon schlägt neben mir das scharfe Fleischmesser in den Türrahmen. Brav gebe ich das Messer ab und ziehe mich für ein Momentchen ins Schlafzimmer zurück. Dort sind für mich rausgelegt worden: Socken ohne Delphinmuster drauf und Hausschuhe für Erwachsene. Inzwischen steht der Feind schon im Flur. Bussi, Bussi. Mann, sind wir über 30? Noch bevor wir ungemütlich am Esstisch sitzen, gibt es Alkohol. »Nicht für mich«, sage ich.

»Musst du noch fahren?«, scherzt die schlechteste Ratatouille-Köchin der Welt.

»Kai trinkt doch aus Prinzip nicht.«

»Echt, mal ein schlechtes Erlebnis gehabt?«, fragt der Alkoholiker, der gerade in einem Sturz das Proseccoglas runtergekippt hat. Geht doch nichts über einen zwanglosen Plausch über Kindheitserlebnisse von Alkoholikerkindern zu Beginn eines gemütlichen Abends. Mal sehen, vielleicht erzähle ich die Geschichte, dass ich als Siebenjähriger statt Taschengeld einfach nur die Bierpullen meines Vaters zurückgebracht habe und mir vom Pfand Fußballbildchen albumweise kaufen konnte. Nein. Noch schöner ist doch die Geschichte, wie er mal Nonstop gesoffen hat, bis ihn abends der Notarzt holen musste. Weil alle Nachbarskinder damals zugesehen haben, wie er bewusstlos in den Krankenwagen geschoben wurde, hab ich mir geschworen, nie zu trinken.

»Oh, das wussten wir nicht. Verzeihung!«

»Stimmt doch gar nicht«, löse ich das betretene Schweigen. »Mein Vater musste nur ins Krankenhaus, weil Freunde ein schreckliches Ratatouille gekocht hatten.« Während das Lachen der Umstehenden erstickt, gehe ich mir einen Saft holen.

»Keine Familiengeschichten mehr!«, befiehlt mir Schatz. Dann wird gegessen, gelästert und getrunken. In Maßen selbstverständlich, wir wollen ja nicht, dass ich wieder von meiner

Kindheit anfange. Warum? Vergleichsweise war das eine sehr glückliche Zeit.

Damals hatten wir nie Gäste, die einfach nicht nach Hause gehen wollen. Was wollen die noch hier? Der ganze Kühlschrank ist inzwischen leer gefressen, Kaffee ist auch keiner mehr da, möchtet ihr meine Hausschuhe? Kein Problem, aber geht doch endlich, denke ich um 23 Uhr 30. Und es wird wirklich gegangen – in die Küche. 24 Uhr. Die Langbleiber hocken uns die Küchenstühle durch.

Auf neutralem Boden wäre Flucht eine Möglichkeit gewesen. Einfach das Manöver: Lebensmittelvergiftung. Auf ein geheimes Zeichen täuscht die Partnerin plötzliche Übelkeit vor, und du sagst: »Also Schatz, da war sicher was im Essen, wir fahren sofort nach Hause. Kinder, es war schön mit euch. Tschüss.«

Das können wir jetzt nicht bringen, und das, obwohl das gemeinsam Gekochte durchaus magenverstimmende Bestandteile hatte. Es war nicht so schlimm wie das Ratatouille, aber dass sich mein Hund nicht für die Reste interessiert, sagt doch sicher einiges. Der Hund lag bis gerade noch unterm Küchentisch, erhebt sich nun, und ich melde mich freiwillig, um ihn schnell zu lüften.

Draußen läuft er bis an den ersten Baum und zieht dann wieder in Richtung Wohnung. Wenn es schüttet, schneit oder Baden-Baden von einem Tsunami überrollt zu werden droht, mein Hund würde mich durch den Kurpark schleifen. Jetzt, da er mein einziger Freund und Kamerad im Kampf gegen die Langbleiber ist, zieht er mich wieder in die Küche. In einem unbeobachteten Moment zuckt Schatz mit den Achseln. Ein Geheimsignal. Die Langbleiber sind freigegeben zum Rausekeln. Erst sanft.

Wir versuchen es mit einem Zaunpfahl, der so groß ist, dass dafür drei Viertel des Regenwaldes abgeholzt wurden. »Ja also, wir müssen morgen leider ganz früh raus.« Antwort: »Sagt mal, das mit dem Regenwald wird ja auch nicht besser.« Es folgt die umweltpolitische Diskussion bis Eins.

Höhepunkt ist ein plötzliches Sägen meiner Partnerin. Sie ist am Tisch eingeschlafen.

»Mensch, geh doch ins Bett«, empfehlen zwei Gesichter, die ich schemenhaft aus halb geschlossenen Augen wahrnehme. Ich will aufstehen und gehen, war aber gar nicht gemeint.

Unterm Tisch umklammere ich das Bein von Schatz. Reicht es denn nicht, dass mein Hund mich im Stich gelassen hat? Soll ich jetzt wirklich allein in der Küche zurückbleiben, um totgelabert zu werden. Ich brülle: »Willst du unseren Gästen nicht noch was anbieten? Tee, Kaffee, ihre Mäntel?« Schatz hat die Augen zu, atmet weiter laut durch die Nase, kann aber erstaunlicherweise schnarchend aufstehen. Da schlurft sie hin, einfach ins Bett, und ich sitze mit Personen am Tisch, die sie mit in die Beziehung gebracht hat. Die beiden Langbleiber, das deutet der Name schon an, sind auch Langweiler. Mal vom Brummen des Kühlschranks und zu lautem Aus-der-Flasche-Trinken abgesehen, ist es jetzt still.

Gerade als ich sagen will, findet ihr nicht auch, wir sollten lieber von was anderem schweigen, findet er ein Thema, oder sagen wir besser, er findet es wieder. Der Betrunkene an sich erzählt dieselbe Geschichte auch gerne zweimal … in der Stunde.

»Kai, also dass du nicht trinkst, das finde ich wirklich toll. Kombedenz« – Konsequenz und ›Dioptrin‹ – Disziplin ›sind das Wichtigste. Ich sag das auch immer meinen Häuten‹ – Leuten. ›Und das weiß auch unser Säufer‹-Käufer.«

Die Frau des Alkoholikers ist eigentlich auch längst am Tisch eingeschlafen; mit ihrer Unterstützung ist also nicht zu rechnen. Versehentlich stoße ich an den Tisch, damit sie wenigstens mitansieht, wie hier gelitten wird. Kurz schreckt sie hoch, guckt mich an, in diesem Moment schläft er ein. Leider, denn jetzt erfahre ich, wie sehr sie darunter leidet, dass er so viel trinkt.

Für eine Frau sei das nämlich viel schlimmer zu ertragen als für einen Mann. Ihr Mann schläft tief und noch fester, weil offenbar die Stimme seiner Frau narkotisierende Wirkung hat. Mir fällt es auch immer schwerer zu folgen. Sie sabbelt irgendwas von »Männer, die gar nichts trinken, sind ja auch viel attraktiver«, und dann kann ich nicht weiter zuhören, weil mir die Augen zufallen und irgendwas an meinem Knie kribbelt. Um Himmels willen, ich sitze immer noch am Küchentisch, schlafe aber schon. In meinem Traum habe ich drei Hände, eine mit lackierten Fingernägeln. Der Nagellack hat genau die Farbe, die Schatz immer ihrer besten Freundin schenkt. Schnell ziehe ich das Knie weg. Gegenüber sitzt die beste Freundin von Schatz und lächelt etwas bitter.

»War was?!«, fragt ihr Gatte. Offenbar hat Saufkopf seinen Rausch ausgeschlafen und ist plötzlich hellwach. 3 Uhr 22! Eine tolle Zeit, und auch mir geht es plötzlich besser. Ich habe gerade mal keine Kopfschmerzen, das Augenbrennen lässt nach, und jetzt möchte ich mich komischerweise auch mal noch gerne mit der besten Freundin von Schatz länger unterhalten. Doch da springt sie auf. Herr und Frau Langbleiber ziehen ihre Mäntel an, werfen im Nach-Hause-Gehen noch einen vollen Aschenbecher um und sagen: »War nett, wir müssen morgen echt früh raus, Tschüss«.

Danke, wirklich toll, da sitze ich nun ganz allein in der Küche, sammle Kippen auf und bin plötzlich wieder hellwach.

Kartenspielerinnen

•
•
•

Frieden ist was Schönes. Aber was ist Frieden genau? Ganz einfach. Gemeinsam mit Schatz, nur mit Unterwäsche bekleidet, zu Hause rumhängen – das ist Frieden. So sollte es jedes Wochenende auf der ganzen Welt sein, immer. Alle sind paarweise, wenn sie unbedingt möchten zusätzlich mit Kindern zu Hause. Vor die Tür gehen kommt nicht in Frage ... Wollen gerade Sie doch was unternehmen, dann möchte ich nochmal daran erinnern, Sie tragen nur Unterwäsche, also husch wieder rein und Frieden genießen.

Leider ist dieser großartige Zustand ständig bedroht. Von außen und von innen. Von innen, weil Schatz immer wieder was unternehmen möchte, und von außen, weil es gerade geklingelt hat. Wir bekommen Besuch. Das Leben ist kein Lolli. Übers Wochenende kommen Freunde. Die Nato nennt so was, glaube ich, Großangriff. Zugegeben, die Angreifer habe ich eingeladen. Wir alle machen auf dem Parkett der Freundschaftsdiplomatie Fehler. Immer wieder die gleiche Falle. Freunde rufen an, nur um zu plaudern, lassen dabei fallen, dass sie zufällig am nächsten Wochenende sowieso vorhatten nach Baden-Baden zu kommen – und, selbstverständlich nicht ernst gemeint, biete ich an: »Leute, da könnt ihr doch bei uns übernachten.«

»Nein, wirklich nicht, sehr nett, vielen Dank – wir werden schon was finden«, antwortet mein Freund Jakob.

Doch anstatt einfach die Klappe zu halten, höre ich mich sagen. »Was, ihr habt noch gar nichts, na dann bestehen wir aber darauf, dass ihr bei uns wohnt.«

Mal ehrlich, noch blöder, als nur mit Unterwäsche bekleidet am Wochenende das Zuhause zu verlassen, ist, auf irgendetwas bestehen.

Langsam erhebe ich mich von der Couch, selbstverständlich habe ich mich vorher unter Aufsicht von Schatz anständig angezogen. Die lieben Gäste werden nun mit Umarmungen begrüßt.

Jakob und Hella. Hella, klein, schwarzhaarig, wir konnten uns noch nie leiden, drückt mich an sich. Dann geben sich die Damen Luftküsschen, und Jakob reißt an meinem Daumen und rammt mir seine Schulter gegen die Brust.

»Hey Alter, wie geht's?«

Schrecklich. Ich hasse Besuch, haut sofort ab und nenn mich nie wieder Alter, möchte ich sagen, hör mich aber prahlen. »Du, gestern ging's noch.« Was bin ich nur für ein Volldepp!

Langsam schiebt der Besuch ins Wohnzimmer. Hella hat schon ihren Radar angeschaltet und sondiert das Gelände. »Hat sich ja nicht viel verändert im Vergleich zur alten Wohnung.« Danke.

Nett von Hella, deutliche Veränderungen schlicht zu übersehen. 500 Euro mehr Miete im Monat, zwei neue Sessel und nicht zu vergessen die Tatsache, dass ich seit dem letzten Besuch der beiden eineinhalb Kilo abgenommen habe. Schatz bringt das Paar und ihre zwei großen Koffer ins Gästezimmer, während ich im Scherz anbiete, die anderen Koffer aus dem Auto zu holen. Jakob sagt danke und gibt mir die Autoschlüssel. Ein Wochenende – vier Koffer? Will Hella sich jedes Mal umziehen, bevor sie eine abfällige Bemerkung über unsere Wohnungseinrichtung macht? »Ganz ehrlich, so richtig hat mir dieser Teppich schon in der alten Wohnung nicht gefallen.«

Beim Reinschleppen der Koffer fällt mir gerade eine Bandscheibe vor, als Hella prahlt, dass da auch unser Geschenk drin sei. Jakob und Hella kommen gerade von einer Karibikreise zurück.

Kurz drauf bekommen wir eine Kiste Rum überreicht. Gerade für mich als Antialkoholiker ein Wahnsinns-Geschenk. Auch Schatz trinkt Rum eigentlich nur bei Grippe: »Mensch, toll, eine ganze Kiste Rum!« Wir erfahren, das Gesöff ist Original vom Rastaman hergestellt. Echt talentiert, der Kreole, meint Jakob. Die seien auch gar nicht immer so zugekifft, wie alle immer denken, ergänzt Hella.

Was soll's, wenn der Besuch weg ist, landet die Kiste sowieso bei der hässlichen Wasserpfeife, die sie uns beim letzten Mal aus der Türkei mitgebracht haben, also in der … – »Die Palme passt toll zu der Wasserpfeife, die wir euch mal geschenkt haben, wo ist die denn?«… Mülltonne.

Schatz will die Situation retten, indem sie behauptet, wir hätten für acht Uhr einen Tisch bestellt. Kein schlechter Einfall, eine Wasserpfeife gehört auf einen Tisch gestellt und unser Tisch kommt erst um acht, dann stellen wir aber gleich die Pfeife und den Rum drauf. Ein schlechter Witz, denke ich, als ich erfahre, Schatz hat einen Tisch im teuersten Restaurant der Stadt bestellt.

Na gut. Es wird gegessen, gelästert und gezahlt.

»Also wir zahlen, immerhin sind wir doch eure Gäste.«

»Ja genau und deshalb zahlen wir. Wirklich. Ich bestehe drauf.«

Wieso kann mir niemand in solchen Fällen einfach eine Buddel, besser noch eine Kiste Rum, über den Schädel ziehen?

Arm und in der Gewissheit, das war nur der erste langweilige Abend dieses Wochenendes, kehren wir in unsere – »mal ehrlich, eigentlich ist die doch ein bisschen klein für das viele Geld« – Wohnung zurück.

Allein im Schlafzimmer, stelle ich die Frage in den Raum, was wir denn bloß am nächsten Abend mit dem Besuch machen sollen? Erstaunlicherweise möchte Schatz auf keinen Fall weggehen, das Essen sei schweineteuer gewesen. An dieser Stelle muss die Bezeichnung »Volldepp« offenbar für meine Person zurückgezogen werden. Ein Geniestreich! Dank der Geldausgabe muss ich am nächsten Abend nicht vor die Tür. Egal, was wir machen, alles ist besser als ausgehen! Zufrieden schlafe ich ein. Nicht mal Jakobs schreckliche Zahnputzgeräusche halten mich davon ab.

Das Geräusch ist eine Mischung aus putzen, würgen und spucken, so beschreibt es Schatz, als ich sie am nächsten Morgen frage, warum sie die ganze Nacht nicht geschlafen hat.

Tagsüber sind der Putzwürgspucker und sein Lästermaul unterwegs. Angenehm. Schatz dreht ihre müden Augen, als ich völlig zu Recht feststelle, so ein Besuch übers Wochenende sei gar keine so große Belastung, wie sie immer behaupte.

Meine gute Laune hält an bis 18 Uhr. Die Gäste sind noch nicht zurück. Nicht, dass sie sich an- oder abmelden müssen. Wir sind erwachsene Menschen, macht euch keine Umstände, tut einfach so, als wären wir nicht da. Gut, dann könnten wir jetzt endlich abendessen. Wir warten noch eine kleine Weile, falls sie doch kommen und noch nicht unterwegs gegessen haben. 18.45 Uhr. Schatz räumt ihre Blockade vor dem Kühlschrank, und ich will die Tür aufreißen und das Nötigste in mich reinschaufeln.

»Wie wär's mit Tisch decken?«

»Ist doch Zeitverschwendung, lieber schnell essen, dann kommen sicher die Gäste und haben auch gegessen, und wir sind alle müde und gehen ins Bett und dort schau ich dann noch ein bisschen DVD.«

»Tisch decken!« Na gut. Gerade als ich die Margarine hinstellen möchte, klingelt es an der Tür. Unsere lieben Gäste, die unterwegs überhaupt nicht zum Essen gekommen sind, hocken sich an den gedeckten Tisch und fragen, ob wir vielleicht etwas Margarine hätten.

Es wird gegessen, nochmal gelästert und dann? Wie wär's mit gefernseht. Auf gar keinen Fall fernsehen, wenn Gäste im Hause sind! Das ist so was von verboten, dass es noch nicht mal das Wort gefernseht gibt.

Hella ruft: »Und jetzt wird was gespielt.« Gespielt? Diesen Ausdruck gibt es. Leider. Unser Scrabble hat der Hund gegessen, und ansonsten haben wir keine Spiele. »Siedler«? Nein! »Risiko«? Nein!!! »Monopoly«? NEIN!!!!!! »Karten«?

WAS ?!!!!!!!!

Bitte nicht Karten spielen.

All unsere Kartenspiele, erklärt Schatz, seien beim Umzug mysteriöserweise verloren gegangen. Kein Problem. Hella und Jakob haben immer ein »Phase 10«-Spiel dabei.

Die Chancen, einen Kartenspielabend zu überleben, sind gering und deshalb bleibt der folgende Plan wahrscheinlich nur ein Traum. Nächste Woche baue ich einen Gästedetektor. Sieht genauso aus wie die Teile am Flughafen. Gäste laufen durch und wenn sie Kartenspiele, hässliche Souvenirs oder laute Zahnputzgeräusche dabei haben: abgeben, aber sofort.

»Kartenspielen. ›Phase 10‹. Das ist doch das Spiel mit den 10 Aufgaben, so ähnlich wie Rommé, aber doch irgendwie ganz anders«, meint Schatz und ist begeistert.

Hilfesuchend schaue ich Jakob an. Er zuckt mit den Schultern. Kein Ausweg. In Bruchteilen von Sekunden haben unsere Frauen den Tisch abgeräumt. Ich bekomme das Kommando, ein bisschen Musik zu organisieren. Organisieren? Gerne, ich bin kurz weg und versuche, die Beatles wiederzuvereinigen, fangt schon mal mit dem Spielen an. Hella fordert: »Bloß kein Radio, die labern immer so viel dazwischen!« Reizend. Vom Geld fürs Dazwischenlabern wurde der Esstisch bezahlt, den sie gerade mit der »Phase 10«-Blechdose zerkratzt, aber das sind Kleinigkeiten. Jakob möchte gerne Reggae hören. Hella findet das eine doofe Idee, er wolle damit doch nur mit ihrem drei Wochen Karibikaufenthalt, der pro Nase 8000 Euro gekostet hat, angeben, und das sei doch vor so guten Freunden wie uns beiden wirklich nicht nötig. Dann ergänzt sie noch, wie primitiv Reggae sei und gerade diese Musik zeige, dass der Kreole, im Vergleich zum Europäer, recht einfach gestrickt sei. Richtig wäre nun, der kleinen Rassistin ein paar beispielhafte Kompositionen von Dieter Bohlen oder Tokio Hotel vorzuspielen, geht aber nicht – Gastfreundschaft. Deshalb lade ich im MP3-Player die Playliste »Feiglingsmusik«. Ausgesuchte, leicht verträgliche Pop- und Rocktitel der 70er, 80er und 90er.

Vier Erwachsene sitzen nun am Tisch und müssen ein Spiel meistern, das auch Zwölfjährige nicht überfordert.

Immer noch besser, als vor der Glotze hocken. Warum eigentlich? Wäre es nicht besser, Erwachsene bekommen endlich das Recht, laut sagen zu dürfen: Mein Besuch ist langweilig, angeberisch, rassistisch und …

»Ich schreib auf!«, ruft Hella mit ausgestrecktem Arm und fingerschnippend dazwischen. Hallo, das Spiel ist ab 12, du musst dich deshalb nicht auch noch benehmen wie damals, als du in Fächern wie Chemie, Physik und Mathe immer eine Eins hattest. Es ist doch auch nur ein Zeitvertreib, ein kleiner Spaß. Hella schließt gerade die Augen, macht ein paar Atemübungen, legt den einen schwarzen Filzstift, auf dem steht »Hellas Stift«, exakt im 45 Grad Winkel auf den Schreibblock und, lieber Gott, sie bekreuzigt sich.

Hella mischt und teilt als Erste aus. Wir sortieren unsere Karten.

»Das macht Spaß«, rufen die Mädels. Jakob nickt. Verräter. Wir spielen, und die erste Runde ist gar nicht so schlecht. Hella gewinnt, lobt, wie schnell auch Männer dieses Spiel begreifen würden, macht sich lustig über die Art, wie ich mische, und erinnert mich nochmal an den Satz, der mich im Alter von zwölfeinhalb veranlasste, meine Kartenspieler-Karriere zu beenden. »Du, es hat sich schon mal einer totgemischt.«

Es wird weitergespielt. Im Hintergrund weint James Blunt »You're Beautiful«. Wie kommt diese Schrottnummer auf meinen MP3-Player!? Schatz summt mit und erzählt uns, dass der James Blunt ja Soldat war im Kosovo. Ja, der Jammerlappen hat Glück gehabt. Jetzt pfeift Hella durch die Zähne mit. Kartenspieler, die durch die Zähne pfeifen, gehören in den Kosovo, und dort sollen sie standrechtlich von James Blunt totgesungen werden! Vom ewigen Kartensortieren, Ablegen, Aufnehmen, sich Aufregen, weil Hella inzwischen Eigenkompositionen pfeift, werde ich müde. Ach, wenn nie festgelegt worden wäre, dass Kartenspielen eine niveauvollere Beschäftigung ist als Fernsehen, dann könnte ich jetzt vor der Glotze dösen.

Oder noch besser – schlafen. Das Leben ist so ungerecht – mit zwölf, da sollte ich immer um halb neun schlafen. Jetzt bin ich fast 40 und darf nicht. Früh schlafen gehen ist für einen Mann meines Alters das höchste. Es kostet kein Geld, du musst keinen Parkplatz suchen, es pfeift keiner durch die Zähne, man träumt von Sexstellungen, die viel zu anstrengend sind, um sie in Wirklichkeit auszuprob…

»Kai, schlaf nicht, du bist dran mit Ablegen.«

»Was?«

»Karte oder ein Stück Holz.«

Ich schrecke hoch und streife Hellas Ellbogen. Sie ist gerade dabei, sich ihre tollen Stifte anzusehen, und nach dem Stupser hat sie nun einen kleinen schwarzen Strich genau in dem Grübchen über der Lippe und unter der Nase. Verzeihung.

»Los jetzt, weiterspielen«, befiehlt Hella und ergänzt, »Butter oder Gewehre!« Moment, heißt der Spruch nicht Karte oder ein Stück Holz? »Sag ich doch«, schimpft Hella weiter, während Jakob schweigt. Schweigen. Dann legt er was ab, und diesmal ist Hella nicht mehr zu halten. Er sei schwachsinnig, passe nie auf, das wär doch genau die, die Kai brauche, um Schluss zu machen. Stimmt, wär mir gar nicht aufgefallen. Moment, das ist wahrscheinlich nur ein Scherz von den beiden – gute schauspielerische Leistung, aber doch ein Tick zu viel. Keine Frau faltet ihren Mann derart brutal in der Öffentlichkeit. Jakob steht auf, hat Tränen in den Augen. Leute, jetzt ist aber auch mal wieder gut, ich nehme eine andere Karte, denn so leicht täuscht man mich nicht.

Hella lacht hysterisch und ruft: »Dein Freund ist ja noch dümmer als du!«

Jetzt merke ich, das war nicht gespielt. Die streiten wirklich beim Kartenspielen! Schatz zwinkert mir zu. Was? Sollen wir fliehen, solange es noch geht? Die Polizei rufen? Besser die Alliierten? »Will jemand was zu knabbern oder was zu trinken?«

»Nein, danke – lasst uns weiterspielen«, sagen Hella und Jakob gleichzeitig.

Und zwar so, dass klar wird, für die Getränke brauchen wir keine Eiswürfel. Ich folge Schatz in die Küche, um tragen zu helfen. Sie flüstert mir zu: »Lass sie gewinnen.«

»Gerne, ich kann auch gleich aufgeben und ins Bett gehen.«

»Nein, du spielst weiter bis zum Schluss.«

Die folgende Runde wird kein Wort gesprochen. Jakob und Hella starren auf ihre Karten, greifen mit einer Hand nach dem Knabberzeug, was sie ja eigentlich gar nicht wollten, aber Raubtiere sollen nicht noch mehr gereizt werden. Gelegentlich droht Schatz zu gewinnen, dann lässt sie sich aber wieder zurückfallen und Hella kann kurz drauf auf ihren Stuhl springen, die Faust ballen und »SIEG, SIEG, SIEG« brüllen. Allerdings hat sie nur die Runde gewonnen. Wenig später steht Jakob kurz davor, als erster die »Phase 10« zu schaffen.

Mit einem »So…« kündigt er seinen Triumphzug an, um dann ohne Worte Karte für Karte abzulegen. In Hella steigt langsam Wut auf. Der Abend ist wahrscheinlich gelaufen. Hoffentlich lassen sie sich nicht scheiden, und einer der beiden will dann bei uns wohnen. Jakob bedankt sich freundlich bei uns für das schöne Spiel. Danke auch. »Kleine, wie wär's, du packst jetzt schön deine Karten weg, und dann trinken wir noch etwas vom Rum, den wir mitgebracht haben.«

Es sieht so aus, als ob Hella im Moment nicht Kleine genannt werden möchte. Warum sonst sollte sie jetzt die Karten vom Tisch fegen, ein Glas in Richtung Jakob werfen und rufen: »Ich hasse dich, du niederträchtiges, oberfieses, schleimiges, gemeines Riesenar…«

Mit Mühe können wir Hella davon abhalten, sich auf Jakob

zu stürzen. Er lächelt milde, was sie noch mehr auf die Palme bringt. Wild springt die kleine Person mit dem schwarzen Strich auf der Oberlippe durch unser Wohnzimmer und stammelt etwas von Verschwörung, Betrug und Intrige.

Offenbar kann sie nicht gut verlieren, denke ich, würde es aber selbstverständlich nicht aussprechen.

»Du kannst einfach nicht verlieren. Vielleicht solltest du mal mit deinem Therapeuten darüber sprechen.« Zur Beruhigung – den folgenden heftigen Streit verfolgen Schatz und ich aus sicherem Abstand in der Küche. Im Wohnzimmer wird derzeit gebrüllt. Hella, erzählt sie, habe schon 100-mal mit anderen Männern … »Schlampe!« … Karten gespielt. Nie habe sie ein Problem mit dem Verlieren gehabt.

»Deshalb hast du ja auch schon mit 16 deine Unschuld verloren. Jetzt kommt die Leier wieder, nur weil ich einige sexuelle Erfahrungen mehr habe als du.«

»Einige?«

»All meine Freunde haben schon mit dir.«

In der Küche schaut mich Schatz an – ich schüttle heftig mit dem Kopf.

»Na und, manche waren auch besser als du.«

»Mir doch egal, wer war denn der Beste von all meinen Lochschwagern?«

Schatz hält mir die Ohren zu. Es wird weiter gestritten, bis Hella plötzlich Jakob einen primitiven Kreolen nennt, und er kontert mit: »Wanderpokal.« Dann knallt noch eine Tür, und Hella hat sich im Gästezimmer eingeschlossen.

»Ich geh dann mal ins Bett«, schlage ich vor. Schatz ist anderer Meinung. Kurz drauf soll ich mit Jakob vor die Tür gehen, damit Hella wieder aus dem Gästezimmer rauskommt und beruhigt werden kann.

Jakob findet das eine gute Idee, er müsse sowieso noch was an der Tankstelle besorgen.

Auf der Fahrt versichert er mir, dass gar nicht all seine Freunde schon mit Hella hätten. Ich versichere, dass es mir egal ist. Eigentlich möchte ich auch nur schnell wieder nach Hause. Jakob möchte Reggae hören. Aber Peter Tosh, das sei der echte, wilde, ursprüngliche Reggae, dagegen ist Bob Marley Dieter Bohlen. Dieser Vergleich ist nun wirklich übelster Rassismus und geht zu weit. Jakob entschuldigt sich, und dann kommt die Tankstelle.

Er springt rein. Irgendwie wächst in mir der Hunger. So ein eingeschweißtes Schnitzelbrot wäre was Feines, aber dann lässt mich Schatz bestimmt nur im Gästezimmer schlafen, wobei wir haben ja keins mehr, nur noch einen Führerbunker.

Jakob kommt breit grinsend und gut gelaunt zurück. Interessant. Er pfeift Reggae durch die Zähne. Muss das denn sein? »Was hast du geholt?« »Schwarzer Peter.« NEIN. Bitte, auf keinen Fall spielen wir nochmal Karten. Jakob öffnet seine Hand und ... Und sollten Sie in den nächsten Tagen Besuch übers Wochenende erwarten, dann überblättern Sie bitte den grausamen Schluss dieses Kapitels. Vertrauen Sie mir, es ist besser so.

Für alle, die keinen Besuch erwarten. Erst mal Glückwunsch. Und so ging's weiter:

Wir fuhren nach Hause. Schatz hatte Hella getröstet und immerhin dazu überreden können, dass sie die Tür wieder aufschließt. Die beiden Frauen hatten sich schon schlafen gelegt. Wir Männer sind ihnen in die Gemächer gefolgt. Schatz schlief schon, dank Ohrenstöpsel. Ich hab mir auch eine doppelte Ladung reingesteckt. Trotzdem konnte ich kein Auge zutun. Selbst um 5.45 Uhr waren im Osten unserer Wohnung Schreie zu hören. »Nimm mich, Schwarzer Peter.« Ja, unsere Gäste hatten sich wieder vertragen und hatten lauten Sex mit Rollenspielen. Ich bin dann aufgestanden. Hab mir ein paar Kissen an die Kopfhörer gebunden, mich auf den Weg ins Wohnzimmer gemacht, bin am Gästezimmer vorbei, wo sie gerade brüllte »Du wilder, primitiver Kreole« – und er antwortete: »Jawohl, meine Führerin!« Dann habe ich den Fernseher angeschaltet, in der Hoffnung, endlich ein einziges Mal an diesem Wochenende in aller Ruhe nur für ein paar Minuten fernzusehen.

Gezeigt wird: eine Live-Übertragung – die Weltmeisterschaften im POKER.

Nebensächlichkeiten

•

•

•

Das nun folgende Kapitel muss leider ausfallen. Es gibt Wichtigeres zu tun. Immer. Deshalb gibt es diese Woche auch keinen Weltfrieden. Wenn Sie wüssten, was ich alles zu tun habe, Sie hätten vollstes Verständnis für dieses nun nicht folgende Kapitel. Ich hab so viel zu tun, dass ich selber schon nicht mehr weiß, wo ich anfangen soll. Warum haben wir kein Gen, das uns morgens sagt: »Heute wirst du folgende Dinge in dieser Reihenfolge erledigen!« Noch in der gleichen Sekunde wäre Weltfrieden! Selbst die Freischaltung von DSL in meinem Wohngebiet wäre nicht innerhalb von fünf Jahren, sondern in fünf Nanosekunden möglich. Leider gibt es dieses Gen nicht, und deshalb führen Telekom-Mitarbeiter gerade Privatgespräche, und ich kann erst in fünf Jahren im Internet herausfinden, ob es noch was Kürzeres gibt als Nanosekunden. Wenn es das Prioritäten-Gen gäbe, dann wären wir auch nicht auf dieses nervtötende Modell mit Fels, Kiesel und Sand angewiesen. Jeder Berufstätige wird im Rahmen seines lebenslangen Lernens irgendwann einen Menschen – sagen wir eine in Anzug gepresste Weisheiten-Rausschleuder-Maschine –, also einen Berater, vor sich haben, der sagt: »Stellen Sie sich vor, Ihre Herausforderungen am Arbeitsplatz sind Felsbrocken, Kieselsteine und Sand, die in der richtigen Reinfolge in ein Gefäß gefüllt werden müssen, damit alles reinpasst. Wie würden Sie vorgehen?« Einfach, ich würde vorgehen und meinem Chef und allen Beratern die Felsbrocken an den Kopf knallen. Das Großraumbüro fluten. Die Kieselsteine über die daraus entstehende Wasseroberfläche springen lassen und dann eine Sandburg bauen. Ein guter Plan. Aber die richtige Antwort lautet: Erst die großen Brocken in das Gefäß, dann die Kiesel draufschütten, die fallen durch die Zwischenräume, und schließlich den Sand, der leise durch alle noch verbliebenen Spalten rieselt. Hui! Toll. Vergeben Sie mir, dass ich vor Freude nicht in die Luft springe, ich hab's im Kreuz.

Solange wir kein Prioritäten-Gen haben, merken wir uns das Modell, erledigen aber nie die wichtigsten Aufgaben zuerst. Weil das so ist, können wir unsere Gene eigentlich komplett wegwerfen. Was nutzt es, wenn all diese nebensächlichen Gene ihren Job machen, aber das Prioritäten-Gen fehlt? Deshalb, und nur deshalb ist das Leben kein Lolli. Wir wissen nicht, was das Wichtigste ist. Manchmal wachen wir morgens auf, eigentlich sind wir an der Reihe den Lottojackpot zu gewinnen, erledigen aber 1000 andere Dinge und tippen dann falsch. Nur wer die wirklich wichtigen Probleme als Erstes erledigt, setzt all seine Energie ein. Der kluge Geist, dem das Modell mit Felsen, Kiesel und Sand eingefallen ist – das hat der nicht nach einem harten Tag im Steinbruch der Anthropologie gemacht. Das ist eine der ersten taufrischen Ideen des Tages. Vielleicht hat dieser große unbekannte Denker so ein Gen gehabt. Oder er war einfach verheiratet, und seine Frau hat ihm gesagt, denk dir mal was Besseres aus, als immer nur diese hässlichen Steinbrunnen.

Einsehen müssen wir auf alle Fälle, dass kein Mensch dieses Prioritäten-Gen in sich trägt. Wir sind da alle gleich! Und das ist ja das Erschreckende, alle Menschen lassen die Felsen liegen und spielen erst mit Sand. Erkennen nicht die wichtigen Aufgaben und kümmern sich um das für sie eigentlich Unwichtige. Michael Schuhmacher ist z. B. jahrelang schnell Auto gefahren. Das war Benzin-, Zeit- und Gummiverschwendung im großen Stil. Nicht seine Schuld. Weil auch er kein Prioritäten-Gen hat, fuhr er lieber Auto. Schumacher ist siebenmal Weltmeister geworden. Na und? Wie viele Schüler Kerpens sind in dieser Zeit zu spät zur Schule gekommen, weil sie einen Schnarchsack von Busfahrer hatten? Statt alleine im Kreis zu fahren, war Schumi vom großen Lenker doch höchstwahrscheinlich vorgesehen als

Schulbusfahrer im Kreis Kerpen. Glauben Sie nicht? Moment. Wenn wir Menschen zur Ruhe kommen, gibt es eine Möglichkeit, dass wir auch ohne Gen erkennen, was wirklich Priorität hat in unserem Leben. Schumi ist jetzt Rentner, hat Zeit, Prioritäten zu setzen, und was will er in Zukunft machen? Seine Kinder zu Schule bringen.

So viel Wahrheit kann schon Angst machen. Was machen Sie eigentlich den ganzen Tag?

Womit fangen Sie an? Und vor allem, was fällt Ihnen abends ganz zum Schluss ein, was Sie eigentlich noch hätten machen müssen?

Kai der Kobold

•
•
•

Eine Frau, jung, attraktiv, selbständig …

»Danke schön.«

… hat ihr Studium abgeschlossen, Magister cum laude.

Einige Praktika absolviert.

Kaffee kochen, kopieren.

Ist nun in eine neue Stadt gezogen, weil sie dort einen weiteren Praktikumsplatz hat. Gerade liest sie die Wohnungsanzeigen, als sich Kai der Kobold, auf ihre Zeitung setzt.

»Weg da, du sitzt auf meiner ›2 Zi, Kü, Bad mit Einbauschrä.‹«

»Aber ich bin hier, um dir drei Wünsche zu erfüllen.«

»Ach so. Prima, ich wünsche mir eine schnuckelige, aber doch geräumige Wohnung, in ruhiger, aber doch zentraler Lage.«

Es macht Piff-Paff-Puff, und schon sitzt sie in ihrer neuen Wohnung.

»Danke, jetzt wünsche ich mir, dass ich während meines Praktikums nicht nur Kaffee koche und kopiere, sondern mein Talent erkannt wird.«

Erneut macht es Piff-Paff-Puff.

Und als die Frau ihr Praktikum beginnt, bekommt sie ganz schnell ein eigenes Projekt, das sie verantwortlich leiten darf.

Sie arbeitet viel und ist glücklich, als Kai der Kobold, nun fragt:

»Was ist dein dritter Wunsch?«

»Ich wünsche mir, dass es mir trotz meiner vielen Arbeit gelingt, hier ein paar gute Freunde kennenzulernen. Sie sollen humorvoll, hilfsbereit und sportlich sein.«

»Okay«, meint da Kai der Kobold, etwas verlegen, »äh, das ist aber echt also, schwer. Ginge noch was anderes?«

»Na gut, dann wünsche ich mir, dass ich dieses Mal nach meinem Praktikum übernommen werde.«

Da sagt Kai der Kobold: »Nochmal wegen dem sportlich – sollen sie lieber Tennis spielen oder klettern können?«

LEBENSKISTEN

SCHWIERIG

Meine gute Freundin Reali

Frauen mit kurzen Haaren sind sachlich. Das werden Sie auch sagen, wenn Sie meine gute Freundin Reali kennenlernen. Vielleicht liegt es auch an ihrer dunkelblauen Hornbrille? Möglicherweise sind es aber auch nur die immer flachen Schuhe. Reali ist aus der Schweiz. Bingo, jetzt glauben auch Sie, die ist sicher total sachlich. Reali und ich stehen in regelmäßigem Telefonkontakt. Pünktlich wie ein Schweizer Taschenmesser zerschneidet Realis Anruf meinen einzigen schönen Abend der Woche in drei Teile:

Teil 1 – Schöner Abend, bevor Reali anrief

Teil 2 – Realis Anruf

Teil 3 – Realis Anruf verarbeiten und Blut von meinem Ohr wischen.

So gerne würde ich mit Reali mal über den brilleblauen Himmel, Damenschuhe mit Absätzen oder wenigstens längere Haare sprechen. Bei ihrem heutigen Anruf geht es aber um Geld. Wie immer! Geld ist das Einzige, worüber sie sich Gedanken macht. Wenn morgen neben Reali ein Selbstmordattentäter den Rucksack aufmacht, Reali würde auf dem Weg ins Krankenhaus nur sagen: »Kinder, was das wieder kostet?« Lästig wird es, wenn sie mir ständig erklärt, wie ich mein Geld auszugeben habe. Angeblich lasse ich mich nämlich ständig abzocken. Sie übertreibt. Außerdem kennt sie oft nicht die tatsächlichen Hintergründe für mein Handeln. Reali ist beispielsweise überzeugt, 19 Prozent Mehrwertsteuer ist Diebstahl, moderner Straßenraub, ein automatisierter Überfall, kurz: Abzocke. Wenn sie von 100 Euro immer 19 nach Berlin schicken müsste, sie würde durchdrehen.

Würde? »Reali«, erkläre ich geduldig, »ich muss keine 19 Euro nach Berlin schicken, die werden automatisch abgebucht.«

Meine Freundin Angela Merkel bekommt das Geld, um damit unter anderem Mitarbeiter zu bezahlen, die sich darum kümmern, dass ihr mein Geld auch zukommt.

Menschen mit geregeltem Einkommen – also ich – tun sich gerne hervor als Menschenfreund. Manch einer baut Krankenhäuser oder eröffnet Museen – ich unterstütze Politiker. Ja, ich bin mit Leib und Seele Politiker-Philanthrop.

»Ein Depp bist du! Lässt dir dein hart verdientes Geld abknöpfen.« Das stimmt so nicht, ich unterstütze damit Bedürftige, die es nicht geschafft haben, eine geregelte Arbeitsstelle zu bekommen. Dazu gehört auch Angela Merkel. Ihren Job hat sie immer nur für vier Jahre sicher. Wer so einen Vertrag hat ohne Kündigungsschutz, dem möchte ich nicht Verhandlungsgeschick unterstellen, aber dem möchte ich doch gerne helfen. So bin ich halt. Manch einer macht Kinder, andere investieren vernünftig in wertvolle Autos, ich gestatte Angela Merkel großzügig immer dann, wenn ich 100 Euro ausgebe, 19 Euro für sich abzubuchen. »Abzocke«, wiederholt sich Reali, was sie öfter macht in Geldgesprächen. Überhaupt, je vernünftiger ich ihr die echten Beweggründe hinter dem schnöden Geld zu erklären versuche, desto aggressiver klammert sie sich an ihren Standpunkt. Ob ich wüsste, dass meine 100 Euro keine 20 Euro wert sind? Ach ja, Frauen und Mathematik, denke ich, und versuche ihr die Erkenntnis dieser Tatsache durch Andeutungen zu ermöglichen. 100 ist immer mehr wert als 20 – so viel Zahlenverständnis hat doch selbst eine Frau, verdammt nochmal!

Reali hat aufgelegt. Was jetzt? Den Abend genießen? Zufrieden mein großzügiges Wesen betrachten? Kurz rausgehen und an der Hauswand ein Schild anbringen? »Wohnhaus von Kai, Politiker-Philanthrop.« Ohne meine 19 Euro stünde Angela Merkel wahrscheinlich in irgendeinem schlecht gelüfteten Physiksaal in der DDR und würde Flaschenzüge bauen. »Quatsch«, sagt Reali, als ich ihr das zum Einstieg meines Rückrufs erzähle.

Dann will sie wissen, wie ich nur meine gute Laune behalten könne, obwohl jeder in meine Tasche greift? Es seien ja nicht nur die 19 Euro Mehrwertsteuer. Geduldig zuhören ist jetzt oberstes Gebot. Auf einer Männertoilette habe ich mal gelesen: »Widersprich nie einer Frau, warte zwei Sätze, dann tut sie es selbst.«

»Es ist ja nicht nur die Mehrwertsteuer, deine 100 Euro sind ja ohne Einkommensteuerabzug viel mehr wert.« Danke. Reali erklärt mir nun genau, wie ich wo was abgezogen bekomme. Die Rede ist von Solizuschlag, Körperschafts-, Kirchen-, Hunde- und ich weiß nicht was noch alles Steuer. »Ab wie viel Grad ist ein warmes Ohr steuerpflichtig?«, rufe ich in den Hörer und darf endlich auch mal wieder was sagen. Aber macht das Sinn? Reali ist doch nur eifersüchtig auf Angela. Gut möglich, dass Reali sich mehr von mir wünscht als nur ein regelmäßiges Telefonat. Sie will wahrscheinlich ein Kind von mir. Da macht es sie natürlich aggressiv, wenn sie hört, wie Angela Merkel im Fernsehen, mich, ihren Bürger, auffordert: »Wir brauchen Kinder.« Mädels, ihr braucht euch nicht zu streiten, im Moment kann ich mir überhaupt keine Kinder leisten, weder für Angela noch mit Reali. Auch verstehe ich nicht, wie Angela in ihrer Lage an Kinder denken kann. Sie ist pleite – wie Millionen andere aktive und ehemalige Physikstudenten in Deutschland. Ist sie zu verschwenderisch gewesen? Glaube nicht, sie hat schlicht keine Ahnung. Höchstwahrscheinlich fehlt auch Talent, wenn es um Geld geht. Die Arme liegt, weil sie den falschen Beruf gewählt hat, am Boden. Da muss jetzt nicht noch auf ihr rumgetrampelt werden. Das gehört sich nicht, schon gar nicht für mich, der ich viel intelligenter und, nebenbei bemerkt, viel wohlhabender bin. Mit aller Bescheidenheit, ich habe nicht über eine Milliarde Euro Schulden, nicht mal eine Million Euro Schulden hab ich.

Durch versteckte Steuern und Abgaben mir mein Geld hintenrum aus der Tasche zu ziehen ist, da hat Reali sicher Recht, nicht die feine Art. Aber ich bleibe Angela gegenüber tolerant.

Sie tut doch sicher ihr Bestes. Vor ein paar Jahren habe ich ja meine, damals waren es, glaube ich, 16 Euro – also die habe ich immer dem Gerhard gegeben. Anfangs fand ich den sogar mittel-unterhaltsam, später etwas geltungsbedürftig, wie auch immer, der hat auch versagt – das machen aber alle, die ich in Berlin unterstütze. Vielleicht sollten sie wieder in das kleine Bonn ziehen. Aber wir wissen ja, wie Politiker sind: Wenn sie einen vernünftigen Vorschlag bekommen, werden sie doch erst recht bockig.

Was soll's? Es ist doch nur Geld – und davon habe ich doch noch.

»Bist du dir da sicher?«, will Reali wissen.

»Entschuldigung, wer wird denn von allen Seiten angepumpt, ich oder Angela?«

»So kannst du nicht weitermachen, wach endlich auf, du naiver Steuerzahler!«

Immer diese Schwarzseherei, es hat sich doch schon so viel zum Besseren geändert. Mein Urgroßvater, ein ähnlich großzügiger und intelligenter Typ wie ich, den haben sie seinerzeit statt um Geld um zwei seiner Söhne gebeten. Die waren dann fast ewig weg und als sie zurückkamen, waren sie nicht mehr dieselben. Wenn ich Söhne hätte, würde ich das nie machen. Als Mensch und Bürger musst du einfach nur lernen, die Wirklichkeit so zu sehen, wie sie tatsächlich ist. Es geht doch gar nicht um Steuersätze und Formulare. Früher, da war der Staat vielleicht eine Aufgabe, heute ist es aber doch schon viel besser, er ist eine Liebhaberei, eine Macke. So wie Überraschungseier, Schlümpfe oder Swatch-Uhren sammeln. Nur, dass die dann auch zu Hause Platz wegnehmen. Da lob ich mir meine Politiker, die wollen einfach nur mein Geld und ansonsten lassen sie mich in Ruhe.

Sogar der Abgeordnete von meinem Wahlkreis hält sich nie bei uns in der Gegend auf. Klar, da geht viel schief, aber man muss einfach optimistisch bleiben. Eines Tages kommt dann vielleicht ein Nachwuchspolitiker auf mich zu mit der Bitte, ihn nicht gleich zum Kanzler zu wählen. Stattdessen möchte er nur 19 Euro im Monat, ich mach 'ne Banklehre und kann da ganz schnell 100 draus machen.

Reali seufzt und kommt zu dem Schluss: »Hoffnungslos!«

Außerdem möchte sie jetzt allein sein, um sich besser auf den nahenden Untergang vorzubereiten. Kann ich ihr da jetzt noch einen schönen Abend wünschen? Mach's gut sagen? Nichts scheint zu passen. Reali, meine Liebe, sage ich, willst du nicht wenigstens mal versuchen, das Leben so zu sehen, wie es wirklich ist?

Aufgelegt. Schade.

Reali könnte es so schön haben, wenn sie auch so eine Wirklichkeit hätte wie ich. Sie, liebe Leserin, sollten das vielleicht auch mal versuchen. Fühlen Sie sich nicht ausgenutzt, begreifen Sie sich einfach als großzügig. Das macht das Leben leichter. Denken Sie nicht so viel über das ganze Geld nach, einfach raus damit. Sollte es dann übrigens doch schiefgehen, gebe ich ihnen gerne die Nummer meiner Schweizer Freundin Reali Tät.

Die Duschwanne

Immer wieder sind viele von uns davon überzeugt, das ärmste Lebewesen auf unserem Planeten zu sein. Mieter müssen verwöhnt, Lebenspartner wollen bezahlt werden – oder umgekehrt? Auf alle Fälle gibt es regelmäßig Grund zum Klagen. Regelmäßig ist aber nicht täglich. Das ärmste Lebewesen der Welt hat aber täglich Grund zum Weinen.

Der Badezimmerspiegel ist das ärmste Lebewesen. Allein schon deshalb, weil viele jetzt sagen: »Aber das ist doch gar kein Lebewesen.« Versetzen Sie sich bitte dennoch mal in die Lage unseres Badezimmerspiegels. Da hängt er jeden Morgen zuverlässig, und wir strecken ihm zur Begrüßung erst mal unsere Zunge entgegen. Jeden Morgen sieht ein Badezimmerspiegel Menschen, die von sich selbst sagen: »So willst du doch nicht vor die Tür gehen.« Schon morgens früh müssen Badezimmerspiegel zusehen, wie Frauen an Lidstrich, Haarlänge, Oberweite zweifeln. Männer stellen sich sogar ganz dicht vor sie, um dann Nasenhaare zu entfernen. Frauen behaupten sogar, Männer würden regelmäßig den Badezimmerspiegel mit Zahnpasta bespucken. Ganz schrecklich wird es, wenn fertig angezogene SUV-Fahrer sich vorm armen Badezimmerspiegel aufbauen, an der Krawatte ruckeln und dann immer wieder denselben Schwachsinn lügen. »Heute kann ich meine Powerperformance abrufen, ich packe das, ich werde Head of Key Account South West Germany.« All das macht ein Badezimmerspiegel meistens schon vor acht Uhr mit. Wir sind uns einig, der Badezimmerspiegel ist das ärmste Lebewesen auf diesem Planeten. Ein Waschbecken, an dem Bartstoppel kleben, hat es auch nicht leicht. Handtücher, die nie ordentlich aufgehängt werden, können sich auch beklagen. Doch das schreckliche Schicksal eines Badezimmerspiegels – kein Lolli!

Einzige Ausnahme: Mein Badezimmerspiegel. Dieses Stück Glas, mit dünner Silberschicht, galvanisch verkupfert und lackiert, spiegelt … Verzeihung, scheint immer gut drauf zu sein.

Noch nie hat er Antidepressiva eingeworfen. Kein böses Wort. Er will auch nicht ausziehen. Okay, das liegt auch daran, dass er in einem Tageslichtbadezimmer hängt. Selbst Badezimmerspiegel wissen, wie schwer es ist, heutzutage eine Wohnung mit Tageslichtbadezimmer zu bekommen. Obwohl an den Ecken schon matt, mein Badezimmerspiegel hat glänzende Laune, und das ist ganz allein mein Verdienst. Mein Badezimmerspiegel muss mich nur in die Dusche steigen sehen, um zu wissen, das wird wieder ein Spaß.

Schon mein Erscheinungsbild ist lächerlich. Da stehe ich nackt, wie Gott mich schuf. Unter uns, Gott war an diesem Tag offenbar noch etwas müde, weil er drei Jahre früher Brad Pitt erschaffen hatte.

Nicht dass mich das jeden Tag traurig stimmt. Keine Sorge. Aus Selbstschutz habe ich mir schon mit acht Jahren eine zunehmende Kurzsichtigkeit angeeignet. Ich sehe mich also fast nicht. Ehrlich gesagt, um zu sehen, wie durchschnittlich gebaut ich bin, müsste ich ganz nah an den Spiegel gehen. Kurzsichtigkeit kann also hilfreich sein, allerdings sollte sie immer in Verbindung mit begehbaren Duschen kommen. Hallo, Privatpatienten, bezahlt Ihre Kasse die Brille? Nur die Gläser. Danke gleichfalls. Es mag nachvollziehbar sein, wenn Krankenkassenbeamte der Auffassung sind, Brillenträger sollen sich einfach die Gläser ohne Gestell zwischen Tränensack und Augenbraue klemmen. Aber dass die Kasse Brillenträgern nicht die Installation einer begehbaren Dusche bezahlt, ist eine Unverschämtheit. Täglich riskieren wir beim Steigen in Duschwannen unser Leben! Und der Badezimmerspiegel sieht dabei zu und lacht sich halb tot. Tod, dem schauen wir ins Aug … also wir blinzeln uns vorsichtig in die viel zu enge Duschkabine. Da stehen wir nun, und die Mischbatterie tut ihr Bestes. Schon nach nur acht Minuten regnet es kalt nach, endlich … Moment, Schaum im Auge.

Ja, die Kurzsichtigen werden die Blinden sein. Ist jetzt die Seife runtergefallen? Oder trete ich gleich auf meine Brille, die ich vorsichtshalber in die glitschige Seifenschale gelegt habe? Da stehst du, sammelst dich und hast zwei Fragen: Wieso lass ich beim Duschen nicht einfach die Brille auf? Was wäre, wenn die Duschwanne nie erfunden worden wäre? Antwort: Kein Mensch müsste pitschnass über eine, grob geschätzt, wahnsinnig hohe geflieste Mauer springen. Nackt! Jedes Mal, bevor ich aus der Dusche steige, habe ich diese Gedanken. Das mit der Brille ist auch schnell erklärt. Schon mal gesehen, wie ein Brillenträger sich verhält, wenn er aus der Kälte in einen warmen Raum kommt? Tapst umher wie Andrea Bocelli im Anorak! Wer hat erfunden, dass Brillengläser beschlagen? Mit Sicherheit der gleiche Typ, der auch die Duschwanne verbrochen hat. Brillen sind also nicht duschentauglich.

Bitte jetzt nicht Kontaktlinsen empfehlen. Es ist schon schwierig genug, rausgefallene Linsen auf dem Teppichboden zu suchen. Wirklich Kurzsichtige wollen nicht auch noch im Siffon der Dusche rumfingern. Nackt.

Zum Erfinder der Duschwanne kommen wir gleich, jetzt wird erst mal sehunfähig weitergeduscht und angsterfüllt die Zukunft visualisiert. Oft ist es gut gegangen, aber heute wird es passieren. Ich liefere meinem Badezimmerspiegel, dem es viel besser geht als all den anderen frustrierten Badezimmerspiegeln, heute sicher einen Brüller. Wenn ich meinen linken Fuß aus der Dusche auf die Fliesen setze, dann wird er nach vorne wegrutschen. Jeder nasse Fuß macht das irgendwann einmal. Gleichzeitig wird mein Standbein in der glitschigen Duschwanne nach hinten weggleiten.

Für einen Sekundenbruchteil werde ich im Spagat zwischen Dusche und Badezimmerboden hängen. Nicht ohne Schwung knalle ich anschließend auf den Duschwannenrand.

Meine Körpermitte wird unangenehm auf der Aluführungsschiene für die Plastikschiebetüren zum Liegen kommen. Es steht außer Frage, dass ich mir mindestens den Steiß stauche. Nichts, werde ich denken, tut mehr weh. Doch! Denn als ich versuche, mich aus dieser Lage zu befreien, drücke ich nicht nur die Plastikschiebtüren aus der Aluführungsschiene, sondern klemme mir in der Führungsschiene meine … Glücklicherweise ist das alles bis jetzt ja nur eine Vision. Noch stehe ich gesund und mit unversehrten Erbanlagen nass in der Duschwanne. Hab ich schon gesagt? Nackt! Vielleicht komme ich ja auch mit dem Leben davon, wenn ich jetzt einfach das Wasser abstelle und lässig, wie sie es in der Duschbadwerbung machen … Moment mal. Noch nie habe ich einen Duschbadwerbespot gesehen, in dem jemand heile aus einer Duschwanne gestiegen ist. Könnte es vielleicht sein, dass ich nicht der einzige Mensch auf der Welt bin, der zur Erheiterung seines Badezimmerspiegels jeden Tag den Tod in der Duschwanne riskiert? Lachen da draußen Millionen von Badezimmerspiegeln über hilflose Duscher?

So kann das nicht weitergehen. Ich werde jetzt, so wie ich es in den letzten Wochen immer gemacht habe, auf allen vieren aus der Dusche kriechen, und dann werde ich den Duschwannenerfinder zur Strecke bringen. Jawohl, ich werde die Welt von der Wanne befreien. Keine halbe Stunde später sitze ich, geduscht, gespannt und genervt vor dem Internet. Nein, nicht nackt! Nackt vor dem Computer sitzen? Entschuldigung, wie sind denn Sie drauf? Um die Lenden trage ich selbstverständlich ein Handtuch. Die Suche nach dem Erfinder der Duschwanne beginnt. Zunächst fällt auf: Erfinder von nützlichen Erfindungen sind leicht zu finden: Diesel, Duden – kein Problem, aber wo ist Duschwanne? Nirgendwo gibt es einen ausführlichen Eintrag über den Badezimmer-Oppenheimer.

E-Mail Adresse. Homepage mit Bild, wie er gerade dabei ist, die internationale Normhöhe von Duschwannen festzulegen. 28 Zentimeter. Wer jemals mit einem 30 Zentimeter Lineal was auf die Finger bekommen hat, kann sich vorstellen, dass auch 28 Zentimeter schmerzhaft sein können. Den Duschwannenerfinder nicht finden tut auch weh. Das ganze Internet habe ich leer gelesen, keine sachdienlichen Hinweise. Nur Widersprüche. Beispiel Wikipedia. Die Seite, wo 14-Jährige mit ihren Referaten angeben und wir Erwachsenen alles abschreiben, um frisch geduscht beim Abendessen mit Freunden zu erzählen: »Ist es nicht furchtbar. Die Jugend von heute weiß ja noch nicht mal mehr, dass Robert Oppenheimer die Atombombe entwickelt hat.« Also, auf Wikipedia haben schon Ägypter und Römer geduscht. Anderswo ist zu lesen, bis nach dem Zweiten Weltkrieg wurde eigentlich nur einmal wöchentlich gebadet. Kann ich kaum glauben. Wöchentlich baden. Wie soll das gehen, ohne die Belohnung, nach dem Baden endlich fernsehen zu dürfen? Und selbst wenn sie damals nach dem Baden fernsehen durften, wer hatte im Zweiten Weltkrieg schon Zeit »Sportschau« oder »Rauchende Colts« zu gucken? Dass die alten Ägypter geduscht haben, ist auf alle Fälle richtig. Belegt durch persönliche historische Funde. Die Dusche von damals, da stand ich schon mal drunter. Sie befindet sich im Hotel »Luxor« in Kairo, dritter Stock, Zimmer 321. Als ich während einer Woche Ägypten pauschal duschen wollte, kam allerdings kein Tropfen raus. Im Grunde traurig, denn es war sogar eine begehbare Dusche, gewissermaßen. Die Duschwanne war rausgerissen worden, und die Gastgeber hatten eine Plastikfolie ausgebreitet mit Loch in der Mitte für den Abfluss. Kombiniere. Es gab zumindest mal eine Duschwanne in Ägypten. Auch schon im alten Ägypten? Waren die Pyramiden Grabstätten für Ägypter, die heldenhaft im Kampf mit dem Krokodil starben? Oder sind sie peinlich beim Steigen aus der Duschwanne auf einen Skorpion gefallen und gut gewaschen verendet. Kann und will ich nicht glauben, auch weil ja dann der Erfinder der Duschwanne längst eine Mumie ist und somit nicht mehr verklagbar. Zurück zur Internetrecherche und ein paar schmutzigen Fakten zum Thema Körperpflege. Römer und Griechen haben immer gebadet, ganz im Gegensatz zu uns Germanen. Junge, Junge. Der Onlinebrockhaus behauptet, bis weit ins 16. Jahrhundert rochen wir täglich nicht nur heftig unterm Arm.

Ich übertreibe nicht, wenn ich sage, für uns Deutsche war Hygiene ein Fremdwort. Eigentlich gab es erst 1879 in preußischen Kasernen die Möglichkeit, sich nach dem Deutsch-Französischen Krieg (1870/71!) erstmals zu duschen. Das riecht nach einer heißen Spur. Wilhelm von Preußen hat uns also die Dusche gebracht. Vielleicht ist er auch für die Duschwanne verantwortlich. Hastig schicke ich eine Testmail an preußenwilli@potsdam.de: »Eure königliche Hoheit, könnte es sein, dass Sie die Duschwanne erfunden haben? Für Antwort dankt Kai aus Baden-Baden.«

Sie denken jetzt: Nie und nimmer antwortet der König von Preußen. Der Mann wurde 1797 geboren, das ist überhaupt nicht die Zielgruppe für E-Mail und Internet! Schon 20 Minuten später kommt die Antwort. »Bedaure. König von Preußen hat Duschwanne nicht erfunden. Wegtreten.« Immerhin eine Antwort, aber ganz schön unfreundlich. Im Internet erfahre ich den Grund für das ruppige Auftreten des Welfen. Das erste von vier erfolglosen Attentaten auf Kaiser Wilhelm I. wurde in Baden-Baden verübt. Der Attentäter hat danebengeschossen. Mit einer Duschwanne wäre das nicht passiert.

Ich google noch ein paar Stunden. Maile unter anderem an nass@zelle.de, Alfred.hitchcock@psycho.com, bekomme aber nur Antwort von Dusch@brause.de.

»Lieber Kai, wir haben die Duschwanne nicht erfunden, sondern das lecker lustige Pulver. Ahoi!« Echt? Tolle Leistung für ein Gerät, das laut Wörterbuch eigentlich nur eine Vorrichtung für die Körperpflege ist und bei der der Wasserstrahl durch ein Sieb in vielen einzelnen Strahlen austritt.

Alles kannst du irgendwo nachlesen, der Duschwannenerfinder bleibt verborgen. Computer aus. Ich gehe zurück ins Badezimmer. Will mich anziehen. Schaue in den Spiegel. Er sieht mich an, als will er sagen: »Dass du dich nicht rasieren kannst, ohne ein Blutbad anzurichten, weiß ich, aber jetzt bist du auch noch zu blöd zum Googeln!« Selbstverständlich lasse ich mich nicht provozieren. Irgendwann wird auch den Badezimmerspiegeln das Lachen vergehen. Eines Tages werden sie einfach ersetzt durch einen Monitor mit Kamera obendrüber!

Augenblick, das ist die Lösung. Der Spiegel muss weg!!! Ich dachte immer, die Duschwanne ist mein Feind, aber es ist der schadenfrohe Spiegel. Seine Zeit ist so gut wie abgelaufen. Moderne Technik macht's möglich. Wir gehen morgens ins Bad, schauen in eine kleine Kamera. Die gibt es im Internet schon für ein paar Euro. Die Kamera macht eine Aufnahme, die wird kurz in einem Bildprogramm geairbrusht, wir sehen uns auf dem Bildschirm und sagen: »So musst du auf alle Fälle vor die Tür gehen, du wirklich schöner Mensch.«

Der Badezimmerbildschirm. Genial!

Bald gibt es keine Spiegel mehr im Badezimmer. Nicht einen einzigen. Null Spiegel. Selbst neben dem Klo liegt ein Focus. Verzeihung, nur ein kleiner Scherz im Überschwang des Triumphes. Ernsthaft, das wird ein ganz neues Duschgefühl! Noch steigen wir alle ängstlich aus der Dusche. Alle? Ja, alle. Warum sonst liegt denn auch in jedem Badezimmer dieses Teil, das aussieht wie ein überfahrenes Tier aus der Sesamstraße?

Sie wissen, wovon ich spreche, auch Sie haben eine Badematte! Doch keine Sorge, bald brauchen wir die Matten nicht mehr. Selbstsicher werde selbst ich aus der Dusche steigen, weil da kein zum Lachen bereiter Spiegel hängt. Wer weiß, vielleicht werde ich sogar so cool, dass ich manchmal die Badezimmertür nicht abschließe.

»Die technische Zukunft wird uns von dir befreien«, rufe ich in den schweigenden Badezimmerspiegel. Dann reiße ich mir das Handtuch von der Hüfte. Schlüpfe lässig in meine Boxershorts. Greife meine Jeans, habe das linke Bein fast angezogen, als ich mit dem rechten ausrutsche, auf dem überfahrenen Tier aus der Sesamstraße. Der Badezimmerspiegel hat vor Lachen fast in den Zahnputzbecher gemacht.

Kai der Kobold

Eine Frau, jung, attraktiv, selbständig …

»Danke schön.«

… hat sich ein neues Handy gekauft.

»Nur ein Euro.«

»Plus – die Vertragsverlängerung für 24 Monate und zwar im Abzockertarif.«

»Wer spricht da – Mister Miesepeter?«

»Nein, es ist Kai der Kobold. Und ich erfülle dir drei Wünsche.«

»Gut. Dann wünsche ich mir, dass der Abzockertarif auf Echtgünstig-Tarif umgestellt wird.«

Es macht Piff-Paff-Puff, und die Frau kann wirklich günstig telefonieren.

»Und jetzt wünsche ich mir, dass mein Handy überall Netzempfang hat und ein eingebautes Radio und ich kapiere, wie man damit Fotos macht.«

Der Kobold macht erneut Piff-Paff-Puff.

Und die Frau hat überall Netz, hört Radio und kann 1A-Fotos machen.

»Was ist nun dein dritter Wunsch?«, möchte der Kobold wissen.

»Ich möchte morgens früh von meinem Freund mit einer Liebes-SMS geweckt werden, und zwar jeden Tag, 365 Tage im Jahr.«

»Okay«, meint da Kai der Kobold, etwas verlegen, »äh, das ist aber echt also, schwer. Ginge noch was anderes?«

»Na gut, dann wünsche ich mir, dass ich niemals mein Netzteil irgendwo vergesse.«

Da sagt Kai der Kobold:

»Wann frühmorgens soll's denn sein, sieben oder acht Uhr?«

L
E
B
E
N
S
KRÄNKLICH
I
S
T
E
N

Männerschnupfen

•
•
•

Nur zur Sicherheit, es kann gut sein, dass ich aufgrund der Schwere meines Leidens das Ende des Kapitels nicht miterlebe. Deshalb schicke ich meine letzten Worte voraus: »Mehr Licht!«

Richtig, das waren auch schon Goethes letzte Worte. Ich muss diese nehmen, der Verlust meiner Nebenhöhlen lässt keine gedankliche Eigenleistung mehr zu. »Quengelige Memme«, werden jetzt viele Frauen rufen, aber liebe Frauen, auch die Formulierung »quengelige Memme« ist wenig originell – meine Frau nutzt diese Worte schon seit Tagen ab. Frauen im Allgemeinen, und meine im Besonderen, wissen nicht, was bei Schnupfen im Körper ihres Helden vorgeht. Wie auch? Frauen können noch nicht mal niesen wie ein Mensch. Wer nur »hahan« macht, der niest nicht, der nervt. Sekunde, mal kurz – hatschi. Schnäuz. Wo war ich? Richtig, Schnupfen ist die hinterhältige Kugel im Rücken des modernen Mannes. Damals im Westen, als wir noch in Dodge City für Ordnung sorgten, Marshall Dillon hießen und alle Frauen Miss Kitty, damals wurde uns alle paar Monate in den Rücken geschossen. Die Kugel war immer drei Zentimeter vom Herzen entfernt und konnte nicht rausoperiert werden. Wir haben dann einfach die Zähne zusammengebissen und nur wenn es überhaupt nicht mehr ging, haben wir ganz kurz gestöhnt.

Augenblick –Ahhhhhhhh … atschi, schnäuz, stöhn. Da wir uns heute in einer Zeit befinden, wo bis auf ein paar Volldeppen kein Cowboy mehr eine Waffe hat, sorgt das Schicksal dafür, dass uns auf offener Straße in den Nacken geniest wird. Ein echter Mann erkennt sofort: Amigo, »hasta los bazillos«, das ist dein Ende. Genau wie damals in Dodge Cii – hatschi – ity.

Sekunde mal, trööööt. Wo war ich, Hannibal und die Elefanten? Nein, moderne Männer mit Schnupfen sind dahinsiechende Westernhelden, und alles, was wir in diesen letzten schweren Stunden brauchen, ist Einsamkeit.

Los gehen sie. Ziehen weiter nach Westen. Kalifornien, das Land, wo es keine Herbstgrippe gibt. Ich bleibe hier sterbend zurück und warte, bis der Tod auf seinem weißen Pferd angeritten kommt und mich hinter sich herschleift. Keine Tränen! Ich bin ein Mann. Mitleid ist was für Mädchen. Bitte, ich möchte einfach nur meine Ruhe, auch keine Drogen, die mein sicheres Ende nur etwas rauszögern. Warum versteht die moderne Miss Kitty das nicht?

Lasst euren Helden doch in Ruhe: »Nimm Aspirin, mach 'ne Nasenspülung, inhalier.«

Merkt ihr in eurer Verzweiflung über den nahenden Verlust eures Liebsten nicht, dass es zu spät ist? Augenblick. Schnäuz. Es klopft. Moment mal. Was? Ich will keine heiße Milch mit Honig. Nein, ich hab meine Tropfen nicht genommen. Ich mach jetzt die Tür wieder zu. Ich kann dich nicht hören. Tropfen? Was sollen Tropfen in einer Nase, aus der gerade der Mississippi strömt?

Frauen, begreift bitte, der Schnupfen ist stärker als Miss Kitty, er gewinnt immer, egal wie schnell euer Marshall zieht. Selbstverständlich sind Männer bis zuletzt völlig frei von Selbstmitleid und Schwäche. Merkt ein Mann, das Ende kommt, dann haucht er ungebrochen seine letzten Worte.

Wo sind denn jetzt nochmal meine letzen Worte? Ach männo! »Miss Kitty, kannst du mal kommen, ich kann meine letzten Worte nicht finden.«

Zungenklemme

Heute gilt es, endlich mit einer der schlechtesten Angewohnheiten der Menschheit Schluss zu machen! Rauchen? – Nö, ist doch Ihre Lunge. Zu viel Essen? – I wo, wir müssen auch an die weite hemdenherstellende Industrie denken. Den Ausstieg aus der Atomenergie wieder verschieben? Sicher, das hat Angela Merkel gefordert. Wenn wir aber überlegen, was sie ansonsten noch für schlechte Angewohnheiten hat, ist der Nicht-Atomenergie-Ausstieg wirklich das Dümmste, was sie macht?

Stellen wir uns einer menschlichen Angewohnheit, die noch schlimmer ist als Chefs, die montags ankündigen, sie wollen mal so richtig durchgreifen, wenn sie dienstags wieder zurück ins Büro kommen.

Nehmen wir an, heute ist Sonntag. Lesen Sie diese Zeilen wirklich an einem Sonntag? Wie das wieder passt. Toll. Da entsteht was Einmaliges zwischen Autor und Leser. Wir haben uns gesucht und gefunden. Sie sollten mein nächstes Buch unbedingt kaufen, damit unsere Beziehung noch … Mittwoch? Okay. Dann unbedingt annehmen, es ist Sonntag. Dann ist morgen nur Montag, und der ist ja in Wahrheit nur halb so schlimm wie der Donnerstag. Wo war ich? Ja – Es ist Sonntag. Was machen Sie gerade? Körperpflege? Kinder bespaßen? Klavier spielen? Nein. Nicht sagen. Ihr Mund verrät es uns. Denn Sie haben Ihre Zunge zwischen Ober- und Unterlippe geschoben. Der erbärmliche Versuch eines Menschen, sich besser zu konzentrieren. Außer dem Menschen gibt es kein Lebewesen, das sich in der Konzentrationsphase selbst die Zunge einklemmt. Warum? Zunächst mal, weil es bescheuert aussieht! Und weil alle anderen Lebewesen vernunftbegabt sind und nie glauben würden, wenn ich meine Zunge durch die Lippen schiebe, krieg ich schneller Mittagessen.

Mit 80 durch die Steppe brettern, aus 100 Metern Sturzflug oder mit dem Schwanz wedeln – So gibt es Futter! Doch der Mensch ist überzeugter Zungeneinklemmer. Wir sind die einzigen, die völlig unnötige Tätigkeiten mit eingeklemmter Zunge nach außen signalisieren. Die Zunge blinzelt vorne raus, um allen anderen zu sagen: Seht her, jetzt mach ich was Dummes. Wenn Sie sich mit dem Hammer auf den Finger hauen – nicht ohne die Zungenklemme. Sie unterschreiben fein säuberlich einen dämlichen Handyvertrag mit 24 Monaten Laufzeit. Die Zunge guckt dabei zwischen Ober- und Unterlippe zu. Und die Zungenklemme kündigt auch die größte menschliche Dummheit an! Das Zusammenlegen von frisch gewaschener Wäsche! Und genau das machen Sie, weil heute Sonntag ist.

Zunächst beginnen wir mit einem tiefen Schnaufer angesichts eines Wäschebergs, so groß wie der Mittlere-Neckar-Raum. Gefolgt von einem unzufriedenen Brummen, bis das T-Shirt endlich zum Rechteck gefaltet wurde, obwohl der Herrgott es T-förmig gestaltet hat und es für Volldeppen auch noch so nennt! T-Hemd. Allerdings auf Englisch, weil sonst viele Deutsche gedacht hätten: Kann ich nicht anziehen, bei uns gibt es Kaffee.

Es heißt also weltweit T-Shirt, das ist uns aber schnurz. Wir stapeln jeden Sonntag Rechtecke aus 100 Prozent Baumwolle. Der Stapel besteht aus nicht zwei, nicht fünf – einem Dutzend! So viele gehen in den viel zu tiefen Schrank mit viel zu wenig Regalböden.

20 Minuten Lebenszeit haben wir in das Zusammenlegen der T-Shirts investiert, bügeln nicht mitgerechnet. Wir müssen nur noch den Stapel in das oberste Regal schieben. Und was machen wir Idioten? Heben die Arme, schieben statt den Stapel erst mal die Zunge nach vorne und wenn uns nicht der ganze Stapel entgleitet, dann ist zumindest, wenn alles im Schrank ist,

das dritte Shirt von unten schräg im Stapel. Erst leichtes Nachschieben, dann heftiger, kurz drauf ist der ganze Stapel wieder ein Knäuel, und wir fangen von vorne an.

Was tun? Einfach die Zunge drinlassen. Stimmt, aber wir könnten auch einfach weniger Auto fahren, und es würde der Umwelt besser gehen. Vergessen wir das mit dem Zungenschiebereflex abstellen. Geht nicht?

Die rettende Alternative. Wir müssen aufhören, Wäsche zusammenzulegen. Wir dürfen – und das sage ich mit aller Deutlichkeit in Richtung derer, die Jeans mit Bügelfalte tragen –, wir müssen auch mit dem Bügeln aufhören. Sofort. Nur wenn wir uns alle, auch unter Einbeziehung von Iran und Nordkorea, darauf verständigen, dass Gebügeltes hässlich ist, können wir den Sonntag retten.

Knittrig ist cool, so lange es frisch riecht. Zerknittert? Noch besser! Einfach mal drüber nachdenken. Ganz tief drin haben wir nichts dagegen. Das kann jeder bestätigen, der vor dem Waschen in seiner Bundfaltenhose schon mal einen 50-Euro-Schein gefunden hat. Total zerknittert.

Kai der Kobold

Eine Frau, jung, attraktiv, selbständig …

»Danke schön.«

… fährt übers Wochenende zu ihren Eltern.

Auf dem Rücksitz ihres Autos hat sie einen Korb mit Wäsche.

»Zufällig – nicht dass sie jetzt denken, ich fahr nur zu Mutti, um zu waschen.«

Darum geht's nicht, sondern um den Kobold, der auf ihrem Wäschekorb sitzt.

»Ja spinnst du – runter von meinen Höschen, aber zackig.«

»Ich bin Kai der Kobold, und erfülle dir drei Wünsche.«

»Gut, dann wünsch ich mir, dass mein neuer Freund mit zu meinen Eltern fährt.«

Es macht Piff-Paff-Puff, und schon sitzt der Freund mit im Auto.

»Nun wünsche ich mir, dass wir schon bei meinen Eltern in der Einfahrt stehen.«

Wieder macht es Piff-Paff-Puff, und schon sind sie angekommen.

»Was ist dein dritter Wunsch?«, fragt Kai der Kobold.

»Ich möchte, dass mein Vater ganz reich ist und mir schon jetzt einen Teil seines Vermögens schenkt, damit ich später keine Erbschaftssteuer zahlen muss.«

»Okay«, meint da Kai der Kobold, etwas verlegen, »äh, das ist aber echt also, schwer. Ginge noch was anderes?«

»Gut. Also ich wünsche mir, dass meine Mutter mich nicht fragt, wann ich endlich heirate.«

Da sagt Kai der Kobold: »Nochmal wegen des Vermögens. Möchtest du lieber ein Festgeldkonto, Aktien oder alles in kleinen Scheinen im Koffer?«

LEBENSKIRRTUM

L
E
B
E
N
S
K
IRRTUM
S
T
E
N

Ich weiß, dass ich nichts weiß

Ja, ich meine mich. Ich weiß, dass ich nichts weiß. Das geht schon in Ordnung. Sie haben dieses Buch im Humor-Regal gefunden. Vielleicht auch auf dem 50-Prozent-Tisch, aber glauben Sie mir, es stand mal im Humor-Regal. Alles, was in einem Buchladen steht oder auf dem 50-Prozent-Tisch liegt, ist schon mal gebildet und gut. Fernsehen ist allgemeingültig … um mal schnell einen Begriff von Kant fallen zu lassen …, nicht so gebildet wie ein Buch. Außer Quizshows, bei denen wir Zuschauer allein davorsitzen und alle zehn Minuten empört Claudia Fabian aus Wagshurst entgegenrufen: »Aber das weiß man doch!«

Wie konnten nur Menschen über 2000 Jahre existieren, ohne sich jeden Abend in einer Quizshow versichern zu können, ich bin (Ein)gebildeter als die anderen? Bildung ist ja so wichtig, und die höchste Form der Bildung bleibt selbstverständlich die universitäre. Ein abgeschlossenes Studium ist einfach das Höchste. Hier wird endlich die Trennung gemacht zwischen Mensch und Akademiker. Der Mensch weiß, dass er nichts weiß, und der Akademiker weiß sogar: Das ist vom griechischen Philosophen Sokrates. Sokrates hat gesagt – und das haben wir schon im Grundstudium Philosophie gelernt: »Ich weiß, dass ich nichts weiß«, und dann wurde er aber auch schon sehr bald umgebracht, und zwar von sich selbst.

Liebe Hochschulstudenten mit Abschluss, auch wenn sehr viel von eurem Selbstbewusstsein in der Erlangung einer Urkunde liegt, einer muss es euch mal sagen: Ihr habt keine Ahnung und davon ganz viel. Ihr wisst das Falsche. Es nutzt euch im wirklichen Leben nichts. Keine Angst, wir Nichtakademiker, z. B. Günther Jauch und ich, wir sind tolerant – also Günther Jauch ist das vielleicht. Ich nicht. Ich sage: Studieren in Deutschland, außer man arbeitet anschließend an der Uni oder wird Mediziner, ist organisierte Verblödung mit Abschluss. Lehrer, die ihren Oberprimanern sagen: »Ohne Studium läuft gar nichts«, liegen daneben, und zwar voll. Das ist meine Überzeugung, und ich würde sie für mich behalten, wenn nicht ständig immer wieder etwas hochgehalten würde, das längst nicht das wert ist, was nach Jahren der Qual und verbrauchten finanziellen Mitteln auf dem Papier steht.

Ich kann das mit dem »Ich hab ja nicht für meinen Abschluss, sondern für mich gelernt« und das Gewäsch von wegen »Im Studium lernt man wissenschaftliches Arbeiten« usw. nicht mehr hören. Schluss damit. Studierte und Nicht-zu-Ende-Studierte bekommen ihre Jobs, weil sie in einem Vorstellungsgespräch gut drauf sind.

Erster Satz zu Mami nach dem Vorstellungsgespräch: »Wir haben über alles Mögliche geredet und am 15. fang ich an.« Mami will noch fragen »Und wofür habe ich das ganze Geld ausgegeben?« Da ist das große Kind aber schon längst Abteilungsleiter, und Probleme werden nicht wissenschaftlich oder mit den Erfahrungen des Amerikanistik-BWL-Studiums gelöst, sondern es lernt nochmal alles neu. Ein Studium ist eben ganz wichtig, aber wichtig ist nicht nützlich.

Keine Lust, sich schon wieder das frustrierte Gerede eines Nichtakademikers anzuhören, der einfach nicht das Durchhaltevermögen hatte nach dem Vorstudium? Ach so, einer dieser zahlreichen Nichtakademiker mit Minderwertigkeitskomplexen. Geschenkt. Mein Alltag beweist mir immer, es gehört zum Leben dazu, dass man ein paar Jahre was total Bescheuertes macht und nur für sich selbst zugibt: Es war ein Fehler. Hätten viele Akademiker weniger Minderwertigkeitskomplexe, sie würden zugeben: »Meine Magisterarbeit, was für eine Zeitverschwendung.« Es wäre nicht schlimm, und vielleicht würde es anderen helfen, den gleichen Fehler zu vermeiden.

»Du, Kai, irgendwas ist doch mit dir, da können wir doch drüber reden.« Ich habe eine Akademiker-Arroganz-Allergie! Das Für-sich-in-Anspruch-Nehmen, mehr zu wissen oder intelligenter zu sein als andere, geht unglaublich auf die Nerven. Wissen ist doch eigentlich nur Geschmackssache. Manch einer ist sein Leben lang Fan von deutschen Filmen oder Bier und Wein. Wie kultiviert und gebildet, der Herr Professor erkennt schon beim ersten Schluck die Lage des Weinbergs, Traubengröße und ob Böll den auch mal getrunken hat. Ich nicht. Ich werde aber ein Leben lang Fan von Tiefkühlfischstäbchen, amerikanischen Fernsehserien und Countrymusic sein. Da haben wir es doch, ich bin einfach nicht intelligent genug für Björk. Kann sein, aber ich weiß, dass ich nichts weiß, und möchte mit diesem Sokrates-Zitat auch gerne alle Leser mit Hochschulabschluss erlösen.

Hier ist der Ausweg! Wer die Gedanken über das Studium eines Nichtakademikers, über Studieren im Allgemeinen und den wahren Wert eines Studiums im Besondern nicht zu Ende lesen möchte, hier kommt die kleine Aufgabe, die bei richtiger Beantwortung dem Weiterblätterer M.A. garantiert.

Bitte nennen Sie das Sokrates-Zitat zum Thema Wissen: »Ich weiß, dass ich nichts weiß« … Ja. Schön, und wie geht es weiter? … »Suche aber die Wahrheit! Ihr aber wisst nichts, bildet euch aber auf dieses Wissen auch noch etwas ein.«

Glückwunsch. Sie kennen jetzt das Zitat, und Sokrates freut sich, weil, wer es vollständig kennt, der hat es wahrscheinlich auch verstanden, und für Sie müssen wir nicht nochmal versuchen zu erklären, was seit 399 vor Christus bekannt ist, aber leider nicht kapiert wird.

Ich habe das Zitat erst neulich entdeckt und seitdem auswendig gelernt. Auswendiglernen ist nichts Schlimmes. »Wobei du damit im Studium natürlich nicht weit kommst«, werden mir abgeschlossene Juristen zurufen.

Klar, ihr musstet in euren mündlichen Prüfungen schon

mehr bringen. Bullshit. Jura ist nicht Gesetze machen, sondern Gesetze lernen … auswendig. So viele, dass ich meinem ärgsten Feind nicht wünsche, je im Leben vor einem Gericht stehen zu müssen. Ich würde es ohne Anwalt nicht kapieren. Und bezahle ihn dann auch noch, dass er mir anschließend sagt, »ich weiß auch nicht, warum der Richter Ihnen statt der Todesstrafe für die Sprengung der Heidelberger Uni mit all seinen Lehrkörpern nur lebenslänglich gegeben hat. Wahrscheinlich hat ihm einfach die Idee gefallen, dass sie alle Studenten zur gleichen Zeit auf einen Medizinerball gelockt haben – und so keiner unter 30 zu Schaden kam.«

Nochmal, dass die meisten im Leben mit Nichtbegriffenem, also auswendig Gelerntem, durchs Leben gehen, ist einfach die Wahrheit. Und da bin nicht ich, Mister Oberschlau, draufgekommen, sondern das hatten wir schon 399 vor Christus. Die Symptome sind nur anders. Damals durften die mit Nichtbegriffenem aufgeladenen Griechen alte Philosophen in den Selbstmord treiben, heute überleben sie im Beruf mit ihrem Diplom, Magister – Verzeihung – mit ihrem Doktor als Schutzschild.

Aber im Berufsleben kommt es doch darauf an, mit den erlernten Fähigkeiten etwas erreichen zu können. Auch Quark. Möglichst schnell wieder Mensch werden, darauf kommt es an. Dabei unterläuft uns Nicht- oder Nicht-zu-Ende-Studierten immer wieder der gleiche Fehler, wir konfrontieren Studierte mit der Wirklichkeit und deshalb halten sie uns für anmaßende, arrogante Affen. Nur neidisch. Job nicht bekommen. Ach, und wahrscheinlich auch noch untervögelt. Armer Kerl! Akademiker können ja so putzig sein. Ich mag sie trotzdem, und Wissen bleibt aber weiter Geschmackssache.

Ist doch praktisch, jeder weiß und weiß nicht, ganz nach seinem Geschmack. Wissen so zu sehen, schafft Bodenhaftung. Deshalb mache ich mir immer wieder gerne klar, was ich alles nicht weiß und was nach meinem Geschmack stimmt. Ich weiß nicht, warum eine drahtlose Maus ohne Draht funktioniert. James Dean heißt mit vollem Namen James Byron Dean, und das Byron steht für den Dichter Lord Byron. Mir ist nicht klar, warum Kandinsky außer bei Zahnärzten auch in Museen hängt? Roy Black hat »Schön ist es, auf der Welt zu sein« mit einem kleinen Mädchen gesungen, das später mal Mike Oldfield geheiratet hat. Die Funktionsweise einer Zündkerze kann ich nicht erklären. New York, New Jersey, New Hampshire, Connecticut, Delaware, Georgia, Rhode Island, Pennsylvania, North Carolina, South Carolina, Virginia, Maryland und Massachusetts sind die 13 Kolonien, aus denen die Vereinigten Staaten von Amerika hervorgegangen sind. Keine Ahnung, wie der Innenminister von Mecklenburg-Vorpommern heißt. Für eine Photosynthese wird Blattgrün benötigt. Fragen Sie mich bitte nicht nach der Formel für die Photosynthese.

Delphine bewegen ihre Schwanzflosse vertikal, um vorwärts zu schwimmen. Ich weiß nicht mehr, wie eine Kurve an der X-Achse gespiegelt wird. Elvis starb um 14 Uhr 30 Ortszeit. Lebt Elvis noch? Titel aus I-Tunes können leichter komplett gelöscht werden, wenn alle Titel im I-Tunes-Ordner liegen. Welchen Einkommenssteuersatz habe ich? Al Capone kam wegen eines Steuervergehens ins Gefängnis. Was passiert, wenn Milch sauer wird? Milky Way schwimmt in Milch. Warum schwimmen tote Fische auf dem Rücken? Cher hat eine Tätowierung über dem Steißbein. Was heißt Autositz auf Englisch? Stimmt es wirklich, dass in Brasilien 70 Prozent der Autos mit Ethanol-Benzin fahren? Sokrates hat Anfang der 80er für Brasilien gespielt. Sokrates soll gesagt haben: »Nur der ist weise, der weiß, dass er es nicht ist.« Bruce Springsteen hat gesagt: »Du bist keine Schönheit, aber du bist in Ordnung.« Konnte Goethe singen? Blume heißt auf Französisch fleur. Wie sehen Wicken aus? In »Asterix bei den Wikingern« ist Idefix mit einer Dogge befreundet. Was heißt F…, wie heißen Wicken auf Schwedisch? Der Vater von ABBA's Frida ist Deutscher. In welcher Tonlage singen ABBA

Waterloo? Nach Waterloo musste Napoleon nach St. Helena. Wie macht man Birne Hélène? Edison hat die Glühbirne erfunden. Wie funktioniert ein Kernkraftwerk? Höre gerade, das war nicht Edison, sondern Heinrich Göbel. Kraftwerk hatten einen Hit mit »Autobahn«. Wer hat vor Hitler Autobahnen in Deutschland gebaut? Hitler hatte einen Schäferhund namens Blondi. Wie heißen die Paragraphen im Grundgesetz, die Nationalsozialismus verbieten? Viele Altnazis flüchteten nach Paraquay. Wie schreibt man Paraquuai? Paraguay liegt in Südamerika. An welche Länder grenzt Tschetschenien? Lenin liegt einbalsamiert an der Kremlmauer. Immer noch?

Elvis ist in seinem Garten begraben. Wirklich? Frank Elstner hat in seinem Garten eine Kunstkuh. Was verdient sein Chauffeur? In meinem ersten Praktikum habe ich 400 Mark verdient. Wie viel Studenten müssen nach ihrem Abschluss kostenlose Praktika machen? Joschka Fischer hat nicht studiert. Was macht der eigentlich? Klaus Fischer war berühmt für seine Fallrückzieher. Woraus besteht ein Fußball? Ich habe Schuhgröße 39. Wie klebe ich einen Absatz an? Humphrey Bogart hatte Einlagen in seinen Schuhen. Wie funktioniert der Wankelmotor im Borgward? 007 hatte mal eine Ente. Was bedeutet effektiver Jahreszins? Ein Fiat Topolino ist kleiner als eine Ente. Was heißt Topolino? Mercedes ist der Name der Tochter von Gottlieb Daimler. Wie lange muss ein Mercedesmitarbeiter arbeiten, um sich eine A-Klasse kaufen zu können? Mercedes heißt die große Liebe des Grafen von Monte Christo. Ist das jetzt schon ein Genitiv? Sokrates konnte kein Hochdeutsch. Aus der amerikanischen Ausgabe von »Wer wird Millionär« stammt das in den USA bekannte Zitat »Is this your final answer?«.

Wissen amerikanische 18-Jährige weniger als deutsche 18-Jährige? In Amerika kannst du mit 16 den Führerschein machen. Warum wird in Deutschland Alkohol unter 21 verkauft? 21 ist 17 und vier. Ist Kartenspielen genauso ein unnützer Zeitvertreib wie Fernsehen? »24« ist eine Fernsehserie mit dem Sohn von Donald Sutherland in der Hauptrolle. Was hat Schiller geschrieben, als er 24 war? Marbach liegt am Neckar. Wo entspringt die Oder? »Lebt der alte Holzmichel noch« ist ein Musiktitel aus Ostdeutschland. Karl Lämmle war Schwabe und hat das Popcorn erfunden. Wieso werden Hollywoodfilme mit deutschen Geldern gefördert? Für dieses Buch gab es keine Subventionen. Was heißt Subventionen wörtlich übersetzt? Ein Hauptwort ist ein Substantiv.

Woraus bestehen Pflanzensubstrate? Bienen bestäuben den Stempel. Welche Zutaten werden für einen Bienenstich benötigt? Sokrates wurde nicht erstochen, sondern nahm Gift. Deckweiß gibt es im Wasserfarbkasten in der Tube. Aus welchen Haaren werden Wasserfarbenpinsel hergestellt? Aquaplaning ist gefährlich. Hat Oberflächenspannung etwas mit Aquaplaning zu tun? »Plantschi ist prima, Plantschi ist 'ne Wucht« heißt ein Slogan aus den 70ern. Kann ich irgendwo überprüfen lassen, ob ein neuer Werbeslogan schon mal für eine Kampagne der Nationalsozialisten verwendet wurde? Fernsehwerbung nervt. Wissen ist Geschmackssache.

Geburtstagskinder

•

•

•

Ein Strauß. Nicht aus Blumen, aus Vogel. Ein Vogel Strauß rennt mit konstanten 50 Stundenkilometern durch Afrika. Das kann der Vogel wirklich. Für eine halbe Stunde, dann macht er schlapp. Aus diesem Grund bestellen immer mehr Löwen online Stoppuhren. So können sie nämlich entspannt im Schatten eines Baumes liegen und zusehen, wie ein Vogel Strauß genau 29 Minuten lang mit 50 Sachen durch die Serengeti brettert. In der letzten Minute stehen sie dann langsam auf, gähnen und geben Gas. Ein Löwe kann nämlich nur für etwa zwei Minuten auf 50 Sachen beschleunigen.

Der Strauß hat die größten Augen im Tierreich. Mit diesen Augen kann er jetzt fast schon den Löwen in seinem Rücken erkennen. Aber auch ohne hinzugucken wird ihm klar, er befindet sich in Lebensgefahr. Dieser Löwe mit seiner Stoppuhr an der linken Vorderpfote und der Serviette um den Hals will Geflügel zum Mittagessen. Hätte sich der Strauß auch eine Stoppuhr online bestellt, statt der Creme gegen Halsfalten, er würde begreifen: Dem Löwen kann ich nicht entkommen. So scheint es dann auch. Der Löwe holt den langsam werdenden Vogel ein, setzt zum tödlichen Sprung an – da bremst der Strauß und ruft: »Moment! Das kannst du nicht machen.«

Erstaunt erkundigt sich der Löwe, was ihn denn davon abhalten sollte, dem Strauß in den, nebenbei bemerkt, ziemlich faltigen Hals zu beißen?

»Ich hab heute Geburtstag!«

Sofort ändert der Löwe sein Verhalten. Obwohl er seit Tagen nichts gegessen hat, lässt er den Strauß in Ruhe. Mehr noch, er singt ihm ein Geburtstagslied. Logisch. Der Strauß ist nicht irgendein Vogel – er ist das Geburtstagskind!

»Mit Soße?« Hoppla, wohin Menschen in Gedanken reisen, wenn sie in der Kantine an der Warmtheke warten. Heute gibt es Straußensteak.

»Für mich keine Soße.«

Mit ganz magerem Fleisch auf dem Teller wird sich an die Kasse gestellt und tief Luft geholt. Nein, es sind nicht die Preise oder das Essen, es ist die Gesellschaft, die einem schon vor dem Mittagessen eine Übelkeit zufügt. Heute sitzen mit am Tisch: Hannes – »habt ihr schon gehört, was die jetzt mit unserer Abteilung vorhaben«, Silke – »heute brauch ich ausnahmsweise ein Eis« und Patricia. Patricia beschreibt sich selbst gern als Sonnenschein in unserem Team. Immer positiv und gut gelaunt liebt sie die Zusammenarbeit mit anderen Menschen. In der Praxis bedeutet das, sie sitzt daneben, wenn andere Patricias Arbeit erledigen. Sie ist selbst ständig damit beschäftigt, gut auszusehen. Gerade steht sie da und kommandiert Silke durch die Gegend. Zur Erklärung: Silke ist die mit dem voll beladenen Tablett in der Hand, sie versucht gerade Plastikblumen aus dem Weg zu schieben. Patricia hat in einer Hand ein Schälchen Gemüse, die andere braucht sie, um Silke zu zeigen, auf welchem Stuhl sie auf keinen Fall sitzen möchte. Verständlich, dass es ihr nicht auch noch zuzumuten ist, beim Tischabräumen zu helfen. Beide brauchen jetzt noch ein Weilchen. Wer das einmal mitgemacht hat, bestellt nie wieder Soße. Bis wir alle sitzen, ist die Soße meistens hart.

Endlich ist es geschafft. »Guten Appetit!« Ihr mich auch, äh allerseits. Jetzt gilt es, alle Gespräche auszublenden und sich nur aufs Essen zu konzentrieren. Lass die anderen reden. Genieß dein Essen, öffne den Mund nur zum Straußreinschieben. Denk dran, was dein Analytiker sagt. Wir wollen uns in der Kantine nicht sinnlos streiten. Es funktioniert. Das Gerede der anderen über das nahende Ende unserer Firma ist nur bruchstückhaft wahrnehmbar. Sätze wie »ich hab's kommen sehen« rauschen vorbei, fast schon wandern die Gedanken zurück in die Tierwelt.

Wie war das doch gleich, der Löwe hat den Strauß nicht gefressen, weil der Geburtstag hat. Lustig. So doof ist nun wirklich kein Tier. Plötzlich, statt des gewohnten Satzes: »Aber wir jammern ja immer noch auf hohem Niveau«, wird am Nachbartisch gesungen. »Happy Birthday.« Besteck weg, Ohren zuhalten. Ist es vorbei? Danke. Doch zu früh gefreut. Rausgerissen aus der jahrelang mühsam trainierten Abgeschottetheit, höre ich, wie Patricia sagt: »Wie lustig, der Kollege hat genau einen Monat vor mir Geburtstag.« Nichts, gar nichts, überhaupt nichts ist schlimmer als ein Mensch älter als acht Jahre, der anderen Menschen ungefragt erzählt, wann er Geburtstag hat. »Also, in einem Monat, das ist der Elfte, ein Dienstag!« Haben Sie es auch gehört? Schreiben Sie es sich am besten auf. Patricia, das Riesenbaby, hat am Elften Geburtstag. Besser Sie überlegen jetzt schon mal, was Sie für Geschenke kaufen. Moment, normalerweise erzählt sie das vorsorglich an der Stelle sowieso immer selbst. Aber vielleicht sollte sie dazu gar nicht die Gelegenheit bekommen.

Seien wir doch für einen Moment vernünftig: Erwachsene haben keinen Grund, ihren Geburtstag zu feiern – es gibt einen Grund, warum es GeburtstagsK-I-N-D heißt. Kinder sollen sich dummdreist selber feiern, Erwachsene haben kein Recht mehr dazu. Schweigen am Tisch. Hannes versucht schnell nach einem Ausweichthema zu suchen, Silke guckt fragend zu Patricia. Patricia pickt aus dem Gemüsebeilagenschälchen eine Erbse, hält dann die Gabel als drohende Verlängerung ihres Zeigefingers und meint: »Kai, weißt du, was dein Problem ist, hm? Weißt du, was dein Problem ist? Dein Problem ist, du hast eine Hedonophobie.«

Silke nickt. Patricia schiebt sich das Erbschen in den Hals, um dann zu erklären, ich sei einer dieser armen Zeitgenossen, die Angst vor dem Genuss hätten.

Schöne Augenblicke, wie der Abschluss eines beruflichen Projekts, oder aber wichtige persönliche Ereignisse, wie der eigene Geburtstag, würden mir Furcht einjagen. Ursache sei ein mangelndes Selbstwertgefühl. Solchen Menschen kann geholfen werden. Fürs Erste wäre es zumindest kollegial, wenn ich nicht auch noch andere mit meinem Missmut und meiner Unfähigkeit, das Leben zu genießen, runterziehe.

»Lieber eine Hedonophobie als eine egomanische Vollklatsche. Lieber einen Tag weniger feiern, als wie ein zu großes Kind durch die Welt laufen und sich unkollegial und größenwahnsinnig das Recht rausnehmen, ein Datum zum persönlichen Feiertag zu erklären.«

»Möchte jemand einen Mokka?«, fragt Hannes, um die Situation zu entspannen.

»Wir essen noch«, sagen wir drei im Chor.

Können wir kurz beim Thema bleiben, das ist keine Nebensächlichkeit. Geburtstagskinder im Berufsleben, da sollte keiner versuchen drüberzustehen. Das sind nicht harmlose Menschen, denen eine Stufe in ihrer Persönlichkeitsentwicklung fehlt. Von wegen. Eiskalte Emotionsterroristen im Einsatz, das sind Geburtstagskinder. Sicher, das war schon so, als sie tatsächlich noch Kind waren. Topfschlagen – fürs Geburtstagskind, aber bitte mit kleinem Loch in der Augenbinde. Kerzenausblasen – nur mit Windmaschine, und wetten, Patricia durfte beim Schokoladeauspacken mit einer Kreissäge das Zeitungspapier durchschneiden. Eltern, die heute in Hamburger-Restaurants, in Freizeitparks oder auf der ISS Geburtstagsfeiern organisieren müssen, wissen genau, was das für ein Stress ist. Noch nie ging es darum, das Leben, die Gesundheit oder sogar die arme Frau zu feiern, die unter Schmerzen so eine gierige Tochter wie Patricia auf die Welt gebracht hat. Jemand wie Patricia hat doch gleich nach dem Klaps auf den Po nur geschrien, weil sie dachte: »Was, das soll alles sein, was ich zu meinem Geburtstag bekomme?«

36 Jahre ist das jetzt auch schon her und deshalb sollte wenigstens am Arbeitsplatz Schluss sein mit dem schwachsinnigen

Geburtstagshutschi … noch bevor ich gutschi gesagt habe, ist Patricia aufgestanden und stapft kochend Richtung Salatbar.

»Musste das sein?«, fragt Silke, und möglicherweise ist ihr Zweifel begründet. Immerhin steht Patricia an der Salatbar, und auf die Tomaten tropfen Tränen. Nur weil mal jemand was gegen rausgewachsene Geburtstagskinder sagt.

»35«, meint Hannes, »Patricia wird 35, sie ist da sehr sensibel.«

Gut. Kann also noch etwas gesagt werden zur schlechten Angewohnheit, den eigenen Geburtstag zu feiern, als wäre Deutschland schon wieder WM-Dritter. Geburtstag haben ist nichts Besonderes. Nennen Sie bitte jetzt einen einzigen Menschen, der keinen Geburtstag hat? Schade. Das wär mal ein Mensch, der allen Grund hätte, uns alle schon eine halbe Stunde vor dem offiziellen Dienstschluss zu einem kleinen Umtrunk in den Konferenzraum einzuladen. Passiert nicht. Allerdings, wer nicht zu dem fast täglichen Geburtstagsumtrunk eines Kollegen geht – Spaßbremse. Wer kein Verständnis dafür hat, dass so ein Geburtstag schon mal ein Anlass ist, um donnerstagsmittags ein oder zwei Püllchen Sekt zu zischen – Streber.

Silke guckt besorgt nach Patricia, die inzwischen nicht mehr weint, sondern handverlesene Radieschenhälften auf ihrem Salatteller aufreiht. Hannes gibt mir übrigens Recht. Er findet auch, dass Geburtstage manchmal etwas zu heftig gefeiert werden. Patricias 28. zum Beispiel. Stimmt, den haben wir drei Jahre hintereinander gefeiert. Das auch, aber Hannes meinte eigentlich, dass es schon etwas dick gewesen wäre. Silke, mittendrin in einer gescheiterten Yoghurt-Diät, hört das Wort gar nicht gerne und möchte jetzt aber vor allem ein paar Beispiele.

Auf Patricias Schreibtisch standen 28 Caipirinha, sie bekam 28 Gutscheine fürs Zu-spät-Kommen, und im Konferenzraum haben 29 Stripper getanzt. Silkes Augen glänzen, weil das damals alles so gelungen war und sich Patty sogar ein bisschen gefreut hat. Vor allem, weil von den 29 Strippern nur einer einen Slip trug, was ja schon ein Mördergag war.

Was ist mit der Arbeit, die nicht erledigt wurde?! Hannes nickt. Silke meint nur, jetzt würde ich wirklich übertreiben. Immer dieses Radioheinigerede. Von wegen, wir müssen immer aktuell sein. Radio schläft nie, die Nachricht hat immer Vorrang. Meine Aufregung wäre schon völlig überzogen gewesen. Wie bitte?! Die Leute haben auf meinem Schreibtisch getanzt. Ja und – Nachrichten schreiben könne ich jeden Tag, aber 29 wirst du nur einmal. Hannes und ich gucken Silke starr und sprachlos an.

»Stimmt doch«, meint sie.

Wir holen tief Luft und antworten gleichzeitig: »Es war der 11. September 2001.«

»Ein Datum, über das keine Witze gemacht werden sollte«, murmelt Patricia und setzt sich wieder zu uns. Keine Frage. Mehr noch, auch wenn wir feiergelaunten Frohnaturen es ehrlich bedauern, können Menschen, oder sagen wir wenigstens Erwachsene, die an einem 11. September geboren wurden, nicht mehr ihren Geburtstag feiern.

Silke versucht nachzudenken. Patricia ist wieder sauer, und das Straußensteak schmeckt klasse, kein bisschen nach Kantine. Im Gegenteil, ganz frisch, als wäre der Strauß gerade noch stolz und eingebildet durch die Serengeti gestapft. Patricia kaut hörbar Salat. Das könne den immer missgelaunten Menschen mit ihrem Zynismus so passen. So einen Vorschlag mache nur ein Pessimist, für den jedes Glas immer halb leer sei.

Hannes will aus der Streitzone fliehen und erkundigt sich: »Jemand einen Mokka? Dessert?«

Silke hat nachgedacht und sagt: »Heute nehme ich ausnahmsweise mal ein Eis.«

Patricia mustert mich. Sie will wahrscheinlich eine Antwort. Kriegt aber keine. Der siegreiche Löwe genießt sein Straußenfleisch. Vielleicht doch noch ein Satz, damit es sich einprägt.

»Patricia, lass uns jetzt nicht streiten. Selbstverständlich werde ich dir am Vortag eine kleine Geburtstagsmail losschicken, darüber freust du dich still, und ansonsten empfiehlt es sich, einfach mal nicht im Mittelpunkt stehen zu wollen.« Das ist ein Vorschlag voll Mitgefühl und ganz frei von Zynismus. Wieder steigen Tränen in Patricias Augen. Ich hab das aber auch gerade so feierlich gesagt, dass sie schon von den anderen Tischen rüberschauen und auch gerührt sind.

»Hör zu, du aufgeblasener destruktiver Wichtigtuer, am 11. September sind rund 3000 Menschen gestorben, am gleichen Tag sind laut Uno aber weltweit 37 000 Menschen geboren – und die haben ein Recht zu feiern.«

Noch während ich feststelle, wie schrecklich ich diesen Zynismus finde, rennt Patricia heulend aufs Klo. Hannes setzt sich mit einem Mokka an den Tisch. Silke steckt sich das Eis in den Mund und rennt zu ihrer armen Freundin aufs Klo.

»Hör mal«, meint Hannes, »findest du nicht, es reicht jetzt?« Dann erinnert er daran, dass Patricia und ich doch jahrelang gut zusammengearbeitet hätten. Richtig. Aber irgendwann hast du die Schnauze voll von Menschen, die ständig andere um Rat fragen und im nächsten Moment so tun, als ob sie allein draufgekommen wären. So was muss gleich zur Sprache gebracht werden, das darf sich nicht über Jahre aufstauen. Es wurde darüber gesprochen, mit dem Ergebnis, dass das kleine Mädchen mit dem Kurzzeitgedächtnis eines Straußensteaks nicht mehr weiß, wie oft sie nach einer Aussprache gesagt hat: »Du hast ja so recht. Wirklich, ich werde mich ändern. «

Nichts ändert sich. So sind erwachsene Geburtstagskinder. Jeden Tag in ihrem selbstverliebten Leben ein verwöhntes, quengeliges, unerzogenes, absichtlich auf geistiger Schuhgröße 24 stehen gebliebenes Blag. Privat könne das durchaus unterhaltsam sein, erzähle ich Hannes, der mich bittet, etwas leiser zu brüllen. Patricias derzeitiger Freund steht wahrscheinlich drauf, wenn Püppchen noch zu klein ist, um die einfachsten

Abläufe zu meistern. Kannst du mir mal helfen den Computer anzustellen? Du, hier klemmt die Schublade! Wie war das jetzt noch? Was zeigt der große Zeiger auf der Uhr? Hannes weist mich darauf hin, dass nicht nur die halbe Kantine inzwischen aufmerksam an unserem Tisch sitzt, sondern dass unter den Zuhörern auch Kristian ist, der Freund von Patricia. Klar ist er das. Erwachsene Geburtstagskinder haben immer Beziehungen am Arbeitsplatz. Naturgesetz! Hannes findet das jetzt dann aber doch ein bisschen zu privat – nicht für sich selber –, da hat es viel Interessantes, aber hier vor all den Leuten, das ist dann doch zu viel. Gut, beruhigen wir uns für einen Moment. Geben wir dem ruhig am Tisch sitzenden Freund Kristian die Chance, auch mal was zu sagen.

»Ach nö, lasst mal.«

Wie bitte? Keine Verteidigung.

»Nö, das stimmt schon, dass die Patty vieles nicht selber macht und gern im Mittelpunkt steht und eben auch mal ihren Geburtstag feiert. Aber das kann doch jeder selber entscheiden, ob er da mitmacht.«

Müsste »mitmachen« an dieser Stelle nicht eher dem Begriff »ausnutzen« weichen?

»Nö, hat dich doch keiner drum gebeten«, sagt Kristian und rauscht ab. Wenn mein Straußensteak nicht in meinem angegriffenem Magen liegen würde, es wäre mir ein Bedürfnis gewesen, es dem Kerl um die Ohren zu schlagen. Gefragt hat sie immer wieder. »Nur eine ganz kleine Sache, aber wirklich nur wenn du gerade Zeit hast.«

Mit dieser Taktik prallt sie bei zwei vernünftigen Kollegen ab, und ich war dann also der Dumme.

Hannes grinst. Von mir aus, bin ich eben jahrelang auf die miesen Tricks einer charakterlosen Person reingefallen. »Du, die Wahrheit liegt ja wie so oft in der Mitte.« Und dann meint er auch, wir sollten jetzt mal langsam los: »Wir waren hier jetzt fast 'ne Stunde, und du hast die ganze Zeit Vollgas gegeben.«

Kann sein oder aber die Fressnarkose setzt ein. Auf alle Fälle überfällt mich eine große Müdigkeit. Warum muss ich arbeiten gehen? Warum habe ich Kollegen, die mich ausnutzen? Wieso bin ich zu doof, das zu kapieren?

Hannes will sich das Gejammere nicht mehr anhören und geht. Allein in der Kantine, liege ich mit dem Kopf auf dem Tisch, als sich Patricia zu mir setzt. Sie guckt mich an und meint: »Du hast ja recht.« Träum ich? »Nein. Du hast recht, das mit dem Geburtstag habe ich oft übertrieben. Bei der Arbeit ist das wirklich nicht in Ordnung. Es ist kindisch und hält die anderen auch von ihrer Arbeit ab.« Das sind doch Halluzinationen. »Das wollte ich schon lange mal loswerden«, sagt Patricia leise. »Überhaupt, du hast mir ja auch in all den Jahren so viel geholfen und immer gute Ratschläge gegeben. Ganz ehrlich, du hast schon einen wichtigen Anteil an meiner großen Karriere.«

»Wo ist eigentlich Silke?« Es wäre schön, wenn sie jetzt da wäre, dann glaubt wenigstens ein Mensch die Übertreibungen »große« und »Karriere«.

»Silke ist für mich in der Stadt was … Ich meine, Silke musste sowieso in die Stadt, und da besorgt sie mir auch was. Aber was ich noch sagen wollte: In Zukunft feiere ich meinen Geburtstag nur noch privat. Überhaupt möchte ich auch nicht mehr das kleine verwöhnte Mädchen der Firma sein. Versprochen. Es war zwar nicht schön, wie du das hier in der Kantine zur Sprache gebracht hast, aber so bist du halt und du hast ja recht.«

Ist das nicht rührend? Selbstverständlich will ich mich für mein Verhalten entschuldigen. Es ist einfach nicht richtig, immer nur schlecht von manchen Menschen zu denken. Vieles, was für Methode und Berechnung gehalten wird, ist doch nur Zufall. Es gibt keine schlechten Menschen – nur Missverständnisse. Wir sind Kollegen, waren Freunde. Das hier ist die Kantine und nicht die Serengeti. Da wird nicht hintereinander hergejagt, Menschen reden miteinander.

Ein schönes Bild: Leere Kantine, leichter Spülmittelgeruch,

die Kaltmamsell wischt die Tabletts ab. Die Türen sind abgeschlossen. Komischerweise steht Hannes davor. Er kann nicht reinkommen. Egal. Er sieht aber, wie an einem Tisch in der Mitte zwei wirklich erwachsene Menschen stehen und sich umarmen.

»Entschuldige«, sage ich. »Manchmal verrennt man sich halt. Das Leben ist kein Lolli.«

Patricia lächelt.

Ich starre ein Loch ins Tablett und meine: »Mal ehrlich, so oft hast du meine Hilfe ja auch nicht in Anspruch genommen.«

Sie lächelt und nickt.

»Ich erkenne, was das Private angeht, brauchen wir uns nichts vormachen, da wird es immer eine Distanz geben, aber wenn du beruflich Hilfe brauchst ...«

Der Moment wird entweiht, weil Hannes wie bekloppt an die abgeschlossene Tür hämmert. Ich beende mein Angebot. »Beruflich kannst du natürlich immer auf mich zählen. Auch an deinem Geburtstag oder wenn's dir mal nicht so gut geht. Wir sind alle nur Menschen.«

Patricia drückt mich, bedankt sich und flüstert mir ins Ohr. »Aber wirklich nur, wenn du Zeit hast. Und sag mal? Hat dir eigentlich der Kristian schon gesagt – Ich bin in der zwölften Woche schwanger.«

Sprechende Autofahrer

Die erstaunlichsten Errungenschaften im Leben brauchen keine Werbung. Nehmen wir MP3-Player. Kleine Kisten, die zig-1000 Musiktitel abspielen können. Na und, das machen Radios seit Grundig. Anders verhält es sich mit der Autofahrersteuerung. Das nahezu unsichtbare Teil liefert erstaunliche Ergebnisse, und mal ehrlich, haben Sie auch nur einen Werbespot für die Autofahrersteuerung gesehen? Eben. Bevor wir hier die phantastischen Features schildern, kurz Historisches zur Sprachsteuerung im Straßenverkehr. In jüngster Zeit weit verbreitet ist das Navigationsgerät. In vielen Autos ersetzt es die BWBF: die besserwisserische Beifahrerin. Die Folge dieser Erfindung: mehr Autofahrer, die auf kleinen Geräten im Armaturenbrett einschlafen, als sich mit ihren Frauen zu streiten. Tolle Sache. Wir sind schon wieder fast so weit wie damals, als unsere Autos noch Heu gefressen haben und nach Stall rochen. Deinem Pferd konntest du einfach sagen »Hüa!«, und schon ging es voran, bis du »Brrrr!« gesagt hast oder »Arghh!«. Bei »Brrr!« stand das Pferd, und bei »Arrgh!« bist du Opfer von Wegelagerern geworden und mit einem Pfeil in der Brust vom Gaul gefallen. Insgesamt schon ein sehr angenehmes Dasein.

Wirkliche Freude bei der Fortbewegung gibt es für viele Autofahrer erst seit der Erfindung der Autofahrerfernsteuerung. Oft gesehen, noch nie erklärt, möchten wir hier endlich einige Geheimnisse lüften. Grund? Nun, laut durch die Windschutzscheibe rufende Fahrer sind keine Vollidioten. Immer wieder kommt es vor, dass sich Beifahrer angewidert abwenden, nur weil der Fahrer gerade sein Lenkrad umklammert, sich nach vorne beugt und dann brüllt: »Jetzt fahr doch endlich zu, du fette Schnecke.«

Das, was sich da oberflächlich anhört wie die infame Beleidigung einer Verkehrsteilnehmerin, die etwas mehr auf die Waage bringt als das Leergewicht ihres Smart, ist Autofahrerfernsteuerung.

Nie gehört? Nun, selbst wenn Sie einen Fahrer, der eingebaute Autofahrerfernsteuerung hat, ins Gesicht fragen würden, es würde abgestritten werden. So ist der deutsche Autofahrer. Wir sind das Land, in dem neue Prototypen als Erlkönige verkleidet werden und sich viele extra die 600er-Schilder von ihrem Mercedes abmachen lassen, nur damit der Nachbar nicht neidisch wird. So verhält es sich auch mit der Autofahrerfernsteuerung. Trotzdem sitzen wir immer wieder nebendran und hören Fahrer laut – Sie nennen das jetzt vielleicht schimpfen, proleten, in Wahrheit ist es senden! Selbst wer dann fordert: »Hör doch mal auf, andere Leute anzubrüllen«, bekommt immer die Antwort: »Ich brüll doch nicht!« Ganz ehrlich, das sagen die nur, weil die von ihrer Autofahrerfernsteuerung ablenken wollen. Es ist die Angst, dass sich dieses Extra dann wieder jeder holt, und schließlich gibt es das Teil sogar in kleinen Japanern, die haben ja jetzt auch schon Getränkehalter. Diskretion vorausgesetzt, ein paar nähere Details.

Hochbegabte Techniker, die wahrscheinlich gerade heimlich damit beschäftigt sind, das Finanzloch zu stopfen, haben schon vor Jahren einen Weg gefunden, wie Autofahrer durch Scheiben hindurch mit anderen Autofahrern kommunizieren können. Wer normalerweise durch ein Fenster ruft, weiß, da kommt nicht viel durch. Wenn Sie sich als kleines Kind versehentlich auf dem Balkon ausgesperrt haben und durch die geschlossene Tür riefen, weil Sie wieder rein wollten, hat es ewig gedauert, bis etwas passierte. Nicht wahr? Ich stand mal einen ganzen Winter auf dem Balkon. Durch die Scheibe sah ich meinen Vater vorm Fernseher sitzen, er konnte mich nicht hören. Erstaunlicherweise wählten die Erfinder ausgerechnet meinen alten Herrn als einen der ersten Testpiloten für die Autofahrerfernsteuerung aus.

Eines Tages, ich saß hinten im Zigarettennebel, er nahm gerade einem Kleinwagen die Vorfahrt, da rief er plötzlich: »Bleib schön drin, Pissnelke!« Der Wagen bremste ab, und wir fuhren unseres Weges. Damals eine technische Weltsensation und für meine Familie eine große Ehre, dass ausgerechnet wir den Prototyp ausprobieren durften. Jahrelang war ich immer wieder stolz, wenn mein Vater auch bei der kleinsten Gelegenheit rief: »Fahr doch, Doofkopf!« oder »In die Lücke gehen zehn Panzer, Tattergreis«, und unvergessen ist: »Das Gas ist rechts, Klappspatengesicht.« Egal, ob zwischen unserem und den anderen Autos zehn oder 20 Meter waren, die Menschen in den anderen Autos haben immer auf ihn gehört. Inzwischen wird Ihnen aufgefallen sein, dass auch Sie das ein oder andere Mal neben einem Fahrer saßen, der auch Autofahrerfernsteuerung hat. Ist wirklich leicht zu bemerken. Einfach mal zuhören. Brüllt der Fahrer? Gutes Zeichen. Benutzt er am Ende jeden Befehls ein Schimpfwort? Bingo! Sie sitzen in einem Auto mit Autofahrerfernsteuerung. Das mit dem Schimpfwort gehört zu der von den Spitzentechnikern eingeführten Funkdisziplin. Piloten sagen ja auch nicht: »Ich lande auf Bahn drei«, sondern »Charlie, delta, echo, lande auf Bahn drei, Roger« oder so ähnlich.

So einen Code gibt es auch bei der Sprachsteuerung für Autofahrer. Ein: »Fahr nicht so dicht auf« geht zwar durch die Windschutzscheibe, kommt aber nicht an! Es kommt nur an, wenn am Schluss zwingend ein deftiger Ausdruck artikuliert wird. Sehr schön ist zum Beispiel: »Jetzt mach doch mal schneller, Arsch!« »Zur Seite, Sack!«

Und es war mein Vater, der auf der Autobahn immer wieder glänzte, als er dauerblinkend aus 100 Metern auf der linken Spur rief: »Ich hab Vorfahrt, Schnullerbacke. Bleib schön drin, du Schwein!« Brillant. Nicht nur setzte er völlig richtig nach der ersten Selbsteinschätzung – »Ich hab Vorfahrt« – ein herzhaftes »Schnullerbacke« ein, nein, er erkannte auch noch, dass da vorne in dem Auto mit der blickdichten Pioneeraufkleber-

Heckscheibe nicht etwa ein Mensch, sondern ein Schwein das Fahrzeug gelenkt hat. Mit aller Bescheidenheit, die Entwickler der Autofahrerfernsteuerung wussten schon, warum sie meinen Vater damals als ersten Testpiloten auswählten.

Obwohl die Autofahrerfernsteuerung nun schon seit Jahren einwandfrei für ganz viele Autofahrer funktioniert, gibt es immer noch das Vorurteil, das sei überhaupt keine Sprachsteuerung, sondern einfach nur das cholerische Gebrüll von Autofahrern, die sich nicht benehmen können. Lächerlich, technikfeindlich, albern. Dann würden ja erwachsene Menschen völlig bekloppt glauben, sie könnten über 100 fahren und für andere verständlich durch zwei Scheiben brüllen. Scheiben, die undurchlässig sind für Hagel, Fliegen und an die Scheibe gepresste nackte Hintern. So blöd ist doch keiner, oder kennen Sie jemanden?

Kai der Kobold

Eine Frau, jung, attraktiv, selbständig …

»Danke schön.«

Steht nackt im Badezimmer vor dem Spiegel und stellt fest: »Ich find mich null attraktiv.«

Da plötzlich sitzt auf dem Handtuchhalter – Kai der Kobold.

»Mach die Augen zu, du Spanner!«

»Aber ich erfülle dir drei Wünsche.«

»Gut. Dann wünsche ich mir, dass meine Nase etwas schmaler ist.«

Der Kobold macht Piff-Paff-Puff. Und die Nase ist schmal.

»Schön. Jetzt wünsche ich mir, dass mein Hintern etwas kleiner und meine Brüste etwas größer sind.«

Piff-Paff-Puff.

Und alles hat sich zur Zufriedenheit verändert. »Junge, Junge, ein hungriger Säugling würde wahnsinnig werden.«

»Was ist dein dritter Wunsch?«

»Ich wünsche mir, dass ich als Schauspielerin entdeckt werde, Hauptrollen in Hollywood bekomme und eine Riesenvilla mit Swimmingpool habe.«

Der Kobold meint etwas verlegen: »Äh, das ist aber echt also, schwer … Hast du nicht noch einen anderen Wunsch?«

»Gut, dann wünsche ich mir, dass mein Friseur mir meine Haare immer so schneidet, dass ich mir jedes Mal gut gefalle.«

Da meint Kai der Kobold: »Nochmal wegen des Swimmingpools. Mit Wellenbad oder ohne?«

L
E
B
E
N
S
K
I
SOCKENSCHÜSSE
T
E
N

Der neue Schrank

•
•
•

Samstag. Müde, lustlos, angenervt, geht ein armer volljähriger Mann an der Hand seiner erziehungsberechtigten Partnerin über den Parkplatz eines Mitnahmemöbelmarkts. Endlich mal ein Name, der die menschliche Gefühlswelt beeinflusst. So beeinflusst, dass es vorher gesagt werden sollte. Viele gehen ja in den Supermarkt und fühlen sich anschließend super. Gehst du allerdings in einen Möbelmitnahmemarkt, kannst du sicher sein, du fühlst dich anschließend mitgenommen. Wir brauchen übrigens dringend endlich einen Schlafzimmerschrank. Heute Morgen wurde neben dem gemeinsamen Bett ein Haufen Männerwäsche gefunden. Hauptangeklagt ist eine Jeans, die von der Anklage auch »Asbach-uralte-Speckjeans« genannt wird. Die Anklage forderte die sofortige Hinrichtung durch Ersticken im Altkleidersack. Geistesgegenwärtig gelang es dem Pflichtverteidiger als Vergleich den Besuch eines Möbelhauses anzubieten – wie Sie sehen mit Erfolg. Noch ist die Lieblingsjeans nicht aus der Gefahrenzone, denn die Anklage, plant das arme Textil in dem neuen Schrank unterzubringen. Der Schrank soll folgende Maße haben: 5 Meter lang, 2,36 hoch und 60 cm tief. Klingt überschaubar, aber versetzen Sie sich mal in die Lage einer Jeans. In dem neuen Schrank wird sie Angstzustände haben, als wäre sie der einzige Bewohner in einem Hochhausneubau.

»Hör auf zu träumen!«, meint Schatz, als sich nun für uns die elektrischen Schiebetüren des Möbelmarktes öffnen. Die Türen bis zur Eingangshalle. Der Markt selbst ist noch zu. Es gibt Gratiskaffee und Gratiskekse. Meiner Meinung nach sehen die Kekse aus wie die aus der Möbelmarktkantine bekannten Fleischbällchen, nur getrocknet. Auf keinen Fall gehen wir in die Kantine. Erstens habe ich Schatz endlos blamiert, weil ich beim letzten Mal einen Weltrekordversuch im Fleischbällchenstapeln gestartet habe.

Liebe Sportsfreunde, wir sprechen immerhin von 200, das entspricht zehn Portionen. Und außerdem geht es heute nur darum, schnell einen Schrank zu kaufen, den wir selbst aufbauen werden.

Schnell kaufen, bedeutet in der Realität eines Samstagmorgens: zehn Minuten aussuchen, eine Stunde an der Kasse und eine Stunde an der Möbelausgabe stehen. Das ist lang, aber nicht so lang wie die zwei Stunden, die man streitend damit verbringt, die Schrankteile in einen Kleinwagen mit Heckklappe zu schieben.

Ich schiebe, und Schatz kritisiert: »Au, Au, Au.«

Was soll das heißen? Ich habe die überteuerten Spanplatten schon abgebrochen? Der Schrank tritt soeben durch die Frontscheibe? … nein, es heißt: »Au, Au, Au. Ich muss nochmal in den Möbelmarkt, weil sie was ganz Wichtiges vergessen habe. Teelichter im 50er Pack!«

Erst denke ich, wie bescheuert ist das denn, doch dann sagt mir etwas in meinem Unterbauch: Alter, die Kleine denkt an alles. Sie möchte, dass ihr Held – schnick schnack schnuck – den Schrank aufbaut und dann erwartet sie ihn in einem Schaumbad bei Kerzenlicht. Netter Gedanke, aber wir sollten vielleicht erst mal den Schrank im Auto verstauen.

»Wieso glaubst du, dass die den klauen?« Aber nein, ich denke, der Schrank schließt sich einfach so anderen Möbelkäufern an, weil er sich von uns vernachlässigt fühlt. Allein beim Aussuchen wurde uns schon viermal der Einkaufswagen geklaut. Menschenskinder, es ist ein Wunder, dass uns das Teil nicht schon in der Ausgabe vom Wagen gerissen wurde.

»Gut, ich helf dir noch schnell einpacken, und dann bleibst du beim Schrank, und ich hüpf nochmal in den Laden.«

Nun möchte ich Superheld gleich die Kartons vom wegrollenden Wagen heben.

»Soll ich dir helfen?«

Wieso? Was ist schon dabei 2,43 lange Bretter auf einem wegrollenden Wagen zu balancieren. »Klar, sollst du helfen.« Du blöde … Moment, ermahnt mich mein männliches Gewissen … so reden wir doch nicht mit einer Frau, die uns nachher bei Teelicht im Schaumbad erwartet. Schatz wird also gebeten, kurz den Wagen festzuhalten. Nun hebe ich drei Riesenpappkartons ins Auto. Dann hebe ich die Dinger wieder raus und klappe die Rücksitze um.

»Wir sollten vielleicht alles auspacken, dann können wir den Müll hier lassen.«

»Noch blöder geht's nicht«, zündet als Argument wenig, und eine halbe Stunde später liegen unsere ausgepackten Möbel auf dem Parkplatz. Schatz hält die Schrauben, ich halte die Bretter.

»Entschuldigung fahren Sie hier weg?«

»Halt die Fresse!«, rufe ich dem flüchtenden Minivan-Fahrer hinterher.

Langsam schieben wir nun Schrankteile in ein Auto, das eigentlich schon für Möbelkataloge zu klein ist.

»Wieso passt der denn nicht?«, möchte Schatz wissen.

»Weil dieser Schrank so groß ist, dass sein wirklicher Modellname nicht Gunnar ist, sondern Garage!«

Jetzt versucht sie es mit dem besten Trick aller Zeiten. Wirklich, das machen nur die Superintelligenten. Den Schrank erst mit den Händen ins Auto schieben und wenn dann hinten noch ein Stück rausragt, nicht mehr mit den Händen weiterschieben, sondern die Klappe runtermachen. Sensationell! Da merkt das Schrankbrett, oh, da kommt die Heckklappe, jetzt muss ich mich kleiner machen, sonst nehmen mich die nette Dame und der leicht erregbare Mann nicht mit. Unfassbar, sie macht es wirklich, Schatz drückt die nicht mehr beheizbare, aber immer noch zerbrechliche Heckscheibe gegen das Holz.

Nur eine Frage. Was mag zuerst kaputtgehen, die Heckscheibe oder doch die billigen Pressspanplatten?

Immer noch ragt etwa ein Meter hinten raus.

»Das geht schon irgendwie!«

Meine männliche Stimme meint: »Von mir aus, hol endlich die Teelichter, Baby!« Also setze ich mich geduldig ins Auto, und Schatz springt Teelichter holen.

Eine Stunde später erwache ich aus meinem nichtgewollten Einnicken, weil meine Beifahrertür unsanft geöffnet wird. Noch in Trance werde ich unter Teelichtern, einer Badematte, Salatschüsseln, Tassen, einem Besteckset, 36-teilig, und megabilligen Sisalteppichen begraben. Die Sicht ist mir auf dem Nachhauseweg total versperrt. Gelegentlich höre ich Stimmen: »Sie, Sie haben da die Klappe offen.« »Hängen Sie doch wenigstens ein rotes Tuch ans Ende.« Und auch: »Ich ruf die Polizei!« Als jemand meint: »Hier gönne Sie aber eigentlich nicht stähe bleibet«, wird klar, wir sind zu Hause.

In zwei Minuten schleppe ich alles nach oben. Schatz schwingt lässig die Teelichtertüte, was mein männliches Gewissen zum Motivationstrainer werden lässt: Läuft super, Alter, immer an deine Belohnung denken. Du musst nur einen lächerlichen Schrank in 18 Teilen hochziehen – schnick schnack schnuck – und dann nimmst du sie auf der Badematte. Wie bitte!?

»Du hast die Badematte fallen lassen! – mitnehmen.« Warum nicht? Mit Sicherheit hat mein männliches Gewissen recht. So war das schon bei den Höhlenmenschen. Sie wartete abends auf dich in der Wanne, weil du in der Wildnis einen Schrank von einem Bären erlegt hast. Heute ist das nur genau umgekehrt, da baust du einen Bären von einem Schrank auf – wobei ein harmloser Bär nicht vergleichbar ist mit einer heimtückischen Hartfaser-Rückwand. Da hast du unter Behinderung des mitgelieferten Werkzeuges das Gerüst aufgebaut und kriegst die schwabbeligen Rückwände nicht in die Halterung geschoben.

»Au, Au, Au«, ruft sie wieder, als ich endlich die Rückwand in der Halterung habe und anfange, Nägelchen krumm zu hämmern. Wieder weiß ich nicht, was »Au, au au« heißen soll, bis dann auch ich sehe, dass die Rückwand falsch rum im Schrank steckt: »So kann das aber nicht bleiben.«

Das vernunftbegabte Argument »sieht doch keiner, die Türen sind immer zu, und außerdem liegt meine Lieblingsjeans davor«, zieht leider nicht. Unter anderem auch, weil die Türen mit den Scharnieren noch nicht mal dran sind. Sie wendet die Rückwand, und dann will sie nageln. Mein männliches Gewissen meint: Super, hol schon mal die Teelichter. Doch sie klopft erst die Kleinstnägel in die Rückwand, mit dem Befehl: »Du hältst die Türen fest, ich schraube.« Hat das Unternehmen Schlafzimmerschrank ein neues Management? Es folgt die präzise Anweisung: »Halt die Tür anders fest!« Ich gehorche, und dann rutscht sie mit dem Schraubenzieher ab.

»Au, Au, Au«. Ja, das tat mir auch weh. Die Tür ist mir auf den Fuß gefallen und wenn ich meinen Schmerzen glauben darf, sind alle fünf Zehen auf einmal glatt abgetrennt worden.

»Au, Au, Auaaaaa.« Schnell stelle ich fest, dass ein amputierter Männerunterschenkel nicht vergleichbar ist mit einer wirklich schweren Verletzung. Schatz hat sich nämlich einen Fingernagel eingerissen, rennt heulend ins Bad, schließt die Tür und schreit: »Mach es doch alleine.« Mein männliches Gewissen meint, ach komm, nicht schon wieder. Das Leben ist kein Lolli, und deshalb versuche nicht zu diskutieren, sondern aufzubauen und sie damit zu versöhnen. Toller Plan, auf so was stehen die Mädels. Männer, die nicht reden, sondern zupacken, bemerkt mein männliches Gewissen und hilft mir dann beim Aufbau. Ich schraube, balanciere, hämmere, und mein Gewissen hält sich den Daumen und sagt: »AuAuAu«

Als ich fertig bin, ist Schatz immer noch im Bad und deshalb will ich als Zeichen der Versöhnung meine Lieblingsjeans in den Schrank legen. Unauffindbar. Schon fürchte ich, das gute Stück liegt unterm Schrank, da riecht es plötzlich nach Feuer.

Mein männliches Gewissen denkt als Erstes, wir sind nun am Ziel: Alter, die Teelichter sind an.

Los, du verschrammtes nach Schweiß riechendes wildes Tier, hol dir deine Beute. Die Badezimmertür ist leicht geöffnet, Licht ist zu sehen. Der Held des Schrankaufbaus öffnet die Badezimmertür in der Gewissheit, hier wartet brennende Leidenschaft: Ich öffne die Tür, und in der Wanne liegt nicht Schatz, sondern meine brennende Lieblingsjeans.

Die neue Küche

•

•

•

Sonntagmorgen, 8 Uhr. Was für eine Nacht! Schließe müde die Haustür auf. Barfuß und noch etwas betrunken. Das Haar zersaust. Es riecht nach dem Parfüm eines Mädchens, das behauptet hat, sie sei schon 22. Das Jackett lässig über der Schulter, der Hemdkragen ist aufgerissen. Ein teueres Hemd, aber das konnte die Kleine ja nicht wissen. Sie studiert, hat kein Geld – noch nicht mal für eigene Unterwäsche. Ein Lächeln huscht übers Gesicht meines alleinstehenden Nachbarn, der auch gerade seine Wohnungstür aufschließt. Er kommt aus dem Nachtleben. Ich vom Bäcker. Übrigens, ich trage Jogginganzug, Laufschuhe und zwei Mohn-, zwei Vollkornbrötchen und ein Nusshörnchen. Selbstverständlich bin ich nicht neidisch auf diesen Lebemann, der gerade Mühe hat, seine Tür aufzuschließen. Mein Nachbar geht jetzt in eine ganz einsame Wohnung und hat nachher einen dicken Kopf. Auf mich wartet ein Zuhause! Ein Zuhause, in dem ich gleich Frühstück für zwei mache! Jawohl! Und das nicht nur diesen Sonntag, sondern schon seit Jahren jeden Sonntag. Das ist schon ein sehr passables Leben, was wir haben.

»MEIN LEBEN IST ENDGEIL«, ruft mein Nachbar, der endlich die Tür aufbekommen hat und nun im Flur seiner Wohnung der Länge nach hinschlägt. Kurzer Test, ob er sich beim Sturz was getan hat. »Geht's?«

»Danke, mein Freund – gestern ging's noch, und zwar achtmal hintereinander.« Vorsichtig ziehe ich die Tür zu. Was für ein trauriger Typ.

Kurz drauf stehe ich in der Küche und bitte unsere Kaffeemaschine mit schlimmem Kalkhusten, etwas leiser zu röcheln, weil Schatz noch schläft. Viel Zeit bleibt jetzt nicht, um den Tisch zu decken. Tischsets – Check! Die kleinen Teller – Check. Aber nicht der, wo schon die Ecke ab ist – Check. Tassen – Check … mit Untertassen! … Check. Das Wichtigste. Das Wichtigste?

Marmeladenschöpfer!!! Stimmt. Marmeladenschöpfer. Die Teile gelten in Fachkreisen, also bei Schatz und ihrer Mutter, als Rettung unserer modernen Gesellschaft. Der Marmeladenschöpfer ist ein ehemals normaler Löffel mit Serpentinenbiegungen. Das heißt, wenn Sie Waldbeere aus dem Glas geschöpft haben, legen Sie den marmeladenverklebten Löffel nicht auf den Frühstückstisch, Sie Sau, Sie. Den Marmeladenschöpfer können Sie am Marmeladenglas einhaken! Dank seiner Biegungen passt er auf jedes Einmachglas. Toll, da darf ein Löffel auch 24 Euro kosten. Eigentlich nicht, aber am Tag, als Schatz die Dinger kaufen durfte, war ich beim Frühstück mit dem Buttermesser ins Marmeladenglas gegangen. Versuchen Sie das bitte nie zu Hause. Nichts ist schlimmer als Butter im Marmeladenglas. Mir macht es nichts aus, aber Schatz wollte mich umbringen. Als Reparationszahlung gab es dann die Marmeladenlöffel, die inzwischen für fünf Euro das Dutzend angeboten werden.

Andere Frage: Gibt es was Nervtötenderes als eine Kaffeemaschine mit Kalkhusten? Schatz kommt verschlafen in die Küche.

»Wir brauchen, glaube ich, bald eine neue Kaffeemaschine!« Schatz ist hellwach. Ich auch. Ja, bin ich denn bescheuert, wieso sag ich so was? Zu spät, sie schlägt schon vor, mal etwas Geld für einen echten Kaffeevollautomaten zu investieren. Etwas Geld? »Die gibt es schon ab 700 Euro.« Noch so ein Vorschlag und ich tunke das Buttermesser vor ihren Augen in die Marmelade, drohe ich, und dann wird erst mal gefrühstückt. Schweigend und Mohnbrötchen mampfend, sitzen wir am Tisch. Im Hintergrund brummt der Kühlschrank. Schatz meint, der macht es auch nicht mehr lange. Na und, es ist bald Winter, da können wir die Lebensmittel auch auf dem Balkon kühlen. Unbestreitbar ein humorvolles und auch umweltfreundliches Bild. Findet Schatz überhaupt nicht.

Immer wenn es darum geht, eine neue Küche zu kaufen, würde ich versuchen mit dummen Sprüchen abzulenken. Wer redet hier von neuer Küche. Keiner hat von einer neuen Küche gesprochen. Zugegeben, kurz war die Rede davon eine Kaffeemaschine anzuschaffen – Kaffeevollautomat! Eine Kaffeekanne, so teuer wie eine ganze Küche!!! Stille. Den brummenden Kühlschrank, die hustende Kaffeemaschine und die quietschenden Brötchen nicht mitgerechnet. Ich stehe auf, um mir einen Möffel zu holen. Eine Mischung aus Messer und Löffel. Für Menschen, die gefahrlos das Messer ablecken wollen. Beim Besteck sind wir wirklich ganz weit vorn, denke ich beim Rausziehen der Schublade. Dann das Unglück. Die Schublade löst sich. Bitte nicht jetzt.

Schatz möchte wissen, wann ich mich wieder hinsetze. Später. Jetzt die Schublade loslassen und der Sonntag ist gelaufen. Schatz möchte, dass ich ihr noch einen Teelöffel mitbringe. Den Vorschlag, ihren Früchtetee mit dem vierten Marmeladenlöffel umzurühren, hält sie für abartig. Während sie sich angeekelt abwendet, versuche ich, die lockere Schublade reinzudrücken. Es hält. Schnell hinsetzen und ins Brötchen beißen. Schatz steht auf, geht auf der Suche nach einem vernünftigen Teelöffel an die Schublade und hat die klebfurnierte Pressspanabdeckung in der Hand.

»So!«

»Was so?!«

»Jetzt ist die Küche endgültig Schrott.«

»Nicht doch, das ist doch nur eine unbedeutende Schublade, das lässt sich kleben.«

Schatz weint. Gut, sie hat die Schublade faktisch zerstört, aber muss sie denn deshalb gleich weinen? Soll ich die Schuld auf mich nehmen? Okay, hör auf zu weinen, die war ja schon bei mir vorhin locker. Das Schluchzen von Schatz übertönt den brummenden Kühlschrank, das Röcheln der Kaffeemaschine und selbst das Quietschen der Mohnbrötchen ist nur noch schwer zu hören.

Also gut, wir kaufen eine neue! Selbstverständlich spreche ich von einer neuen Schublade. Das versteht doch jeder. Jeder außer Schatz. Sie hängt sich mir nämlich gerade nackt an den Hals und flüstert in mein Ohr: »Dann machen wir es auch mal auf der neuen Arbeitsplatte.«

Das Angebot erst mal auf der alten zu üben, wird als abartig eingestuft. Jetzt nicht enttäuscht sein, immerhin ist Schatz auf mich so scharf wie eine 22-jährige Innenarchitektin auf meinen Nachbarn. Der Sonntag ist gerettet. Denn sonntags haben die Geschäfte zu. Im Klartext – vor Ende nächster Woche gibt es keine neue Küche, aber so viel hemmungslosen Sex, wie ich möchte. Schon hat Schatz Stiefel an. Halli – Hallo ... Moment. Schatz ist komplett angezogen und einkaufsbummelbereit. Erst auf dem Parkplatz vom Erlebniskoch-Küchenstudio – täglich geöffnet – bemerke ich: Hier läuft was schief. Nur wegen einer abgebrochenen Schubladenblende werden wir doch jetzt nicht in ein Küchenstudio gehen. Wollen wir nicht erst mal woanders gucken? Internet? Lebensmitteldiscounter? Eine Küche kauft doch keiner von der Palette. Entschuldigung, jeden meiner Computer musste ich von der Palette kaufen. Was spricht gegen Ware von der Palette. Überhaupt, vielleicht können wir die Palette behalten und daraus einen Tisch machen. Ein Küchenbausatz wäre überhaupt das Beste. Klein anfangen. Schritt für Schritt erst mal nur eine Schubladenblende. Die kleben wir auf die alte Schublade und sehen, ob uns die Farbe überhaupt gefällt. Keine Antwort. Schatz ist sprachlos. Und weg. Mein Palettenreferat habe ich einem großen Kühlschrank gehalten, während sich mein Weib bereits in den Fängen eines Fachverkäufers verfangen hat.

»Herzlich willkommen im Erlebniskoch-Küchenstudio. Ihre Frau sagt, Sie suchen eine neue Küche. Glückwunsch, da sind

Sie bei uns genau richtig. Und mit der Wahl für diesen Side-by-Side-Kühlschrank haben Sie bereits einen vorzüglichen Geschmack bewiesen.« Mein Ohr schmerzt, als hätte jemand eine Spülmaschinentablette reingesteckt.

Nein, wir suchen keine Küche, wir wollen uns nur mal umschauen, versuche ich dem Fachverkäufer und meiner genauso blöd grinsenden Partnerin klarzumachen. Sie grinst nicht mehr. Der Fachverkäufer möchte wissen, in welche Richtung wir denn gedacht hätten. In Richtung Ausgang, traue ich mich nicht zu sagen, bin aber doch überrascht, dass Schatz meint in Richtung Ausstellungsstück. Plopp. Igitt. Der Verkäufer hat Plopp gemacht. So wie die schwarzen Gummistöpsel, wenn du sie aus der Spüle ziehst. Nur hat der Verkäufer mit dem Mund geploppt. »Plopp, da muss ich Plopp mal ganz kurz nachdenken. Geben Sie mir ein Minütchen. Plopp.«

Egal, was jetzt kommt, auf keinen Fall kaufen wir eine Spüle mit schwarzen Gummistöpseln, sage ich Schatz. So was gäbe es seit den 90ern nicht mehr, und ich sei wirklich nur peinlich. Wieso plopp, ich oder der? Psscht.

»Plopp, Sie haben Glück. Im dritten haben wir noch eine Plopp Poggenpohl …«

Während der Mann weiterspricht, bekomme ich einen hysterischen Lachanfall. Schatz kennt das. Nichts zu machen. Das hört nicht auf. Am besten einfach rausgehen und dort weiterlachen, der arme Herr Plopp. Ist wirklich keine Absicht …

»Die kann ich ihnen 80 Prozent unter Preis geben, sagen wir 7800 Euro, und meine Leute bauen die Ihnen auch noch auf!«

Mein Lachen ist weg. Es gibt Küchen, die 7800 Euro kosten. War Währungsreform? Zahlen wir in Lire? GEHT'S NOCH?

Stille. Selbst die Klaviermusik aus der Decke scheint für einen Moment ausgefallen. Schatz erklärt, das sei dann doch nicht so unser Stil, ob es nicht besser wäre, Einzelelemente zum Zusammenstellen zu nehmen, das soll ja günstiger sein.

»Hoffentlich viel günstiger«, wage ich zu ergänzen.

»Hören Sie nicht auf ihn, der kocht sowieso nie.«

Der Fachverkäufer bittet uns, an seinem Tisch Platz zu nehmen. Wir sitzen, und er versteckt sich hinter seinem Computer, denn ich koche. Ich koche wie Sau. Soweit kommt es noch, dass wir so viel Geld für Sperrholz ausgeben, jetzt wird hier aber mal verhandelt, und zwar von Mann zu Mann, sage ich und verschränke die Arme.

»Wollen wir erst mal die zentralen Elemente klären?«

Genau, mein Freund, und gut, dass du dir das Ploppen abgewöhnt hast.

»Was bevorzugen Sie Induktion, Gas, Ceran?«

Noch bevor ich »Hauptsache, es wird warm« sagen kann, entscheidet Schatz »Ceran«.

Unfassbar! Seit Jahrgang 1960 ist in Deutschland keine Frau mehr hergestellt worden, die sagen kann: Ich hätte gerne einen ganz einfachen Herd. Vier graue Kringel möglichst heiß. Glücklicherweise bin ich aber in der Lage, diesen Satz zu sagen, und bestelle schnell vier Standardplatten. Der Verkäufer notiert, aber nicht ohne darauf hinzuweisen, dass ihm seine lange Erfahrung als Küchenverkäufer gelehrt habe: »Bist Du auch noch so arm – spare nie bei Geräten für kalt und warm.«

Wir bleiben bei den Standardplatten, und das sage ich ihm als ein Mann, der in seiner Kindheit so arm war, dass er zu den Nachbarn gehen musste, um sich dort die Finger an der Herdplatte zu verbrennen. Schatz ist das peinlich. Mir nicht, die Schlacht von Ceran ist gewonnen. Jetzt erst mal durchatmen. Nein, geht nicht, mein Gegner will nun chronologisch vorgehen. Sehr gute Idee, meint Schatz. Offenbar bin ich umzingelt. Wie viel Uhr? Erst kurz nach elf. Auf Zeit spielen bringt nichts, außerdem habe ich nicht die Kraft, um nochmal so was wie ein Ceranfeld abzuwenden. Ob wir einen Kaffee möchten, fragt der Verkäufer. Noch eine Falle, glaubt er etwa die Sache sei für ihn schon gelaufen, schlimmer noch, will er jetzt auch noch Kaffee verkaufen?

Der Kaffee geht selbstverständlich aufs Haus. Schatz schämt sich. Während weiter Prospekte gewälzt werden, versuche ich mich wach zu trinken. Wir versuchen die Frage des Corpus zu klären. Buche? Eiche? Birke? Moment mal, war was in meinem Kaffee, das sind zwar alles andere Farben, aber mal ehrlich, im Kern bleibt das doch alles Sperrholz. Der Verkäufer legt seinen Kopf leicht auf die Seite und ploppt wieder.

»Möchtest du vielleicht ein bisschen rumlaufen und gucken?«, fragt meine peinlich berührte Partnerin. Was soll ich gucken? Zurückfragende mitleidslose Augenpaare blicken mich kurz an. Verstanden. Hier werde ich nicht mehr gebraucht, hier kann ich nichts mehr ausrichten. Langsam und schon unendlich müde, steht der Geschlagene auf, um nun durch die Gänge zu wanken in der Erwartung seines Urteils. Von der Decke schallt nun Elton John mit »Circle of Life«. Der Kreislauf des Lebens. Du wirst geboren, auf einen Kinderstuhl gesetzt in einer riesengroßen Küche, in der du eigentlich gar nicht sein möchtest. Alles ist heiß, scharf oder stinkt nach Scheuerpulver. Bäh. Doch du lernst, mit dieser ersten Küche umzugehen. Du bringst dir bei, die Muttermilch aus dem Kühlschrank zu holen, aufzuwärmen und auch die Fläschchen abzukochen. Dein Plastikgeschirr räumst du später selber in die Spülmaschine, als Teenager räumst du Spülmaschinen sogar aus, nur um endlich aus dieser Küche rauszukommen. Im jungen Erwachsenenalter spülst du mit Gummihandschuhen in deiner ersten Singleküche selbst und gönnst dir eine Dose Ravioli, kalt, versteht sich. Eines Tages, du teilst inzwischen mit einem liebenden Weib Tisch, Bett und Kühlschrank, denkst du: geschafft. Willkommen auf dem Hochplateau des Daseins. Falsch. Eine Illusion. In Wahrheit bist du nur hier raufgeführt worden, um dich jetzt müde, ausgelaugt und frustriert durch einen Irrgarten von Musterküchen zu schleppen.

Ein Irrgarten, der dich wieder zurückführen wird zum Anfang, in eine Küche. Eine Küche, die noch größer und unheimlicher sein wird als die Küche deiner Kindheit. Und mehr noch, sie wird teurer sein. Viel teurer.

Das Leben ist kein Lolli. Das Leben ist eine Wanderschaft von einer Küche in die nächste. Ach so. Na dann. Sehen wir das Ganze nicht mehr schwarz, sondern Eierschale. Perlweiß. Flamingo! Schnell eile ich zurück. Wenn ich sowieso immer wieder in einer Küche lande, ist es doch wirklich vernünftig, sich was zu gönnen. Glücklicherweise kehre ich genau in dem Moment an den Verhandlungstisch zurück, als es gilt, die Beschaffenheit der Arbeitsplatte zu entscheiden. Hier können wir sparen, meint Schatz. Wie bitte, Marmor, Baby! Schatz ist irritiert, der Verkäufer begeistert. Im Bruchteil von Sekunden bestelle ich Induktionsplatten. Herd in Küchenmitte, Kühlschrank mit zwei Türen, Fernseher, Internetzugang. Apothekerschrank? Aber nur zu Apothekenpreisen, ha, ha. Dann werde ich geschüttelt.

»Hey, hier können Sie nicht einfach schlafen, das ist ein Küchenstudio.«

Verzeihung. Bin ich doch tatsächlich beim Ausprobieren von Schranktüren, die sich gegen Aufpreis 45, 90 und 120 Grad weit öffnen lassen, eingenickt und in der Musterküche mit Löwenmuster und Name Kenia eingeschlafen. Schatz und der Verkäufer haben mich suchen lassen. Auch im Kinderparadies. Nun stehen beide vor mir und sagen, sie wären soweit. Von mir aus soll er sie heiraten. Ich geh mit Gummihandschuhen Geschirr in der Singleküche spülen.

»Ihre Frau kann knallhart verhandeln, sie hat mir wirklich das letzte Hemd abgeknöpft!« Ja, wenn es um eine neue Küche geht, wird sie wuschig. Nun werde ich umarmt, es ist also an der Zeit, sich mit dem Endpreis auseinanderzusetzen. Hellwach und auf das Äußerste gefasst, blinzle ich auf den untersten Rechnungsbetrag.

»7630« … Bitte, lass das die Postleitzahl sein.

»Sie sind lustig. Das ist ein Spottpreis!«

»Wir haben sogar 120-Grad-Türen ohne Aufpreis bekommen«, meint Schatz, während mir der Mund 180 Grad weit offensteht. Das soll ja auch halten, sagt die Frau, die all mein Geld ausgibt.

Der Verkäufer hält derweil nicht mal seinen Mund: »Kommen dann noch die Schubladenhaken Stück 15 Euro, Antirutschmatten Stück drei Euro, Drehböden Stück 38 Euro. Die Marmeladenlöffel gehen aufs Haus und diesen 6er Satz Edelstahl...«

Ich greife danach und will ihn erstechen ... doch leider sind es keine Edelstahlmesser, sondern wieder nur Möffel! Schwindelig sinke ich zu Boden, während eine Frau meine Hand führt, die einen Scheck unterschreibt. Der Verkäufer strahlt wie ein Kühlschranklicht, Ersatzbirne 16 Euro.

Gut, sie haben mir mein Geld genommen, auch das, was ich in den nächsten zehn Jahren verdienen werde. Aber ich habe immer noch meine Würde, und ich habe das Schlimmste überstanden. Nie wieder wird es eine Zahl geben, die mir so viel Leid zufügen kann, denke ich, während Ex-Schatz fragt: »Wann liefern Sie die Küche?«

Der Verkäufer antwortet. »Also, ich bin da zuversichtlich, so etwa in 24 Wochen. Plopp.«

Beim Friseur

Helden müssen nicht zum Friseur. Die Liste ist endlos. Nur drei Beispiele: immer noch Nationalheld, WM-Dritter und Stirnbandträger: Thorsten Frings, dann Winnetou. Selbstverständlich Jesus. Drei Helden, dreimal schulterlanges Haar. In allen drei Fällen sind Friseurbesuche nicht überliefert. Brauchen wir mehr Beweise für den Fakt, dass Männer nicht zum Friseur müssen? Klar, die Haare eines Mannes müssen gelegentlich etwas an den Spitzen beschnitten werden, aber das ist traditionell die Aufgabe von Muttis Freundin oder der eigenen Freundin. Wer keine Freundinnen mehr hat, der nimmt alle vier Wochen den Langhaarschneider. Das ist sparsam und in Wahrheit auch die Wiege für alle Frisuren-Trends. Die Strubbelhaube von Beckham zur Jahrtausendwende, das war kein Coiffeur – das war: Victoria nicht zu Hause, aber gerade der Akku von ihrem Epiliergerät voll. Ob Bon Jovis Bobtail in den 80ern oder Kurt Cobains Klebelocken in den 90ern – entstanden ohne Friseurmitwirkung. Na Logen! Bon Jovi hatte in den 80ern so viele Groupies in der Hotelsuite, da hätte der Hairstylist nicht mal sein Köfferchen aufmachen können. Kurt Cobain? Auch keine Frage, der war so depressiv – der hätte sich doch eher erschossen … wie gesagt, zu depressiv, um illustriertelesend im Salon zu warten.

Trotzdem bin ich jetzt mal wieder auf dem Weg zum Friseur. Ausgerechnet heute. In spiegelnden Schaufensterscheiben sieht mein Haupt echt hitverdächtig aus. Die kahlen Stellen sind kaum zu sehen, die Länge gibt mir was 21-Jähriges. Statt weiter auszufallen, haben sich meine Haare offenbar fürs Wachsen entschieden. In der Computerbranche lautet das Motto: Never touch a running system. Besser nicht zum Schneiden gehen?

Erinnern wir uns kurz, als ich heute mit meinem Thorsten-Frings-Look das Haus verließ, meinte Schatz: »Entweder die Matte kommt weg oder du.« – Das Leben ist kein Lolli. Deshalb steh ich nun vor Hector, Hairstylist for the man of today. Seine Preise sind so hoch wie sein Englisch schlecht.

Nicht reingehen. Einfach weiterlaufen. Geht nicht. Hector hüpft auf die Straße, um mich persönlich hineinzuzerren.

»Madame, hat uns schon informiert«, sagt der zerrende Hector, während mich seine Assistentin über die Schwelle schiebt. Mich fragend, ob es ein Zeichen für Reife ist, wenn du dich selbst beim Friseur anmeldest, stehe ich mitten in einem kleinen Häufchen Resthaar.

»Mandy, kannst du mal eben fönen.« Hectors Assistentin, Mandy 3, fegt es in einem Höchstmaß an Ungeschicklichkeit über meine Schuhe. Deshalb sind Mandy 1 und 2 rausgeflogen. Beide wurden sofort eingestellt von Billigfrisurketten mit Namen wie »Sparschnitt« oder »Cut, Look and Go«. Deshalb ist Hector bei Mandy 3 etwas toleranter und ich auch. Du gehst zum Zahnarzt, demnächst vielleicht sogar zum Proktologen und jetzt eben zum 25-Euro-Friseur. Wer's billiger möchte, soll sich endlich wieder eine Freundin zulegen. Vielleicht wird es auch gar nicht so schlimm. Moment. Sagen wir, vielleicht ist das Schlimmste gleich überstanden. Hector nimmt leider nicht meine Jacke, sondern meine Hand!

»Hier ist dein Platz, wie immer.«

Meine Beinchen baumeln wie die eines Fünfjährigen von einem zu hohen Stuhl, auf dem ich noch nie saß, und dabei grinst mich im Spiegel ein Friseur an, mit dem ich mich noch nie geduzt habe.

»Was machen wir denn heute.« Heute?

Heute, mein französischer Freund, heute halten wir einfach mal für 30 Minuten die Fresse und schneiden die Haare nicht zu kurz und nicht zu lang und genau so, dass es in den nächsten drei Jahren nicht mehr nötig ist, zum Friseur zu gehen. Alles klar, Croissant!

»Ach Hector, wenn das nur so einfach wäre. Guck dir meine Haare an, vielleicht ist es besser, wir machen jetzt endlich den Rest ab, das mit den kahlen Stellen wird doch immer schlimmer.«

Entschuldigung, der Mann hat eine spitze Schere in der Hand, da sagen Sie auch nicht die Wahrheit.

»Du lügst.« Himmel, Hector hat die Gedanken unter meiner lichter werdenden Kopfhaut gelesen! »Du hast doch kaum kahle Stellen.«

Doch nicht? Leider wühlt der Schmeichler in den Haaren an meinem Hinterkopf rum, woraufhin ich beschließe, den Termin beim Proktologen zu verschieben und mich vielleicht doch lieber von einer Frau untersuchen zu lassen.

»Ich bin in einer Sekunde zurück«, sagt Hector. Die größte Friseurenlüge nach … »Keine Sorge, ich schneid das nicht zu kurz.« Frühestens in 30 Minuten wird er nach mir »schauen«. Weitere 20 Minuten dauert es nur noch »ein Momentchen«, und in einer Stunde zupft er an meinen Haaren, damit ich wach bin, wenn er breit grinst und sagt: »Siehst du, ich hab dich nicht vergessen.«

Jetzt treffen sich unsere Blicke wieder im Spiegel, und er zwinkert zweideutig, als er sagt: »Mandy kümmert sich um dich.«

Mandy 3 wird leicht rot. Meine Ohren glühen. Gleich werden wir miteinander sch … schaumieren. Mandy schmeißt das Riesenlätzchen über mich und wickelt Krepppapier um meinen Hals. Soll helfen, dass kein Wasser in den Kragen läuft. Tatsächlich verhindert das Krepppapier, dass die eigentlich vorhandene Menge Blut nach oben steigen kann – die jetzt geplant ist für meinen dicken Hals. Am besten aufstehen und doch zu einem dieser Rein-Rauf-Runter-Raus-Haarschneidern gehen. Selber die Haare waschen, selber föhnen und sich zwischendurch einfach nur hinstellen wie? … wie ein Schaf beim Scheren. Nein, dann doch lieber Mandy 3 für 25 Euro. Wie billig klingt das denn?! So ist das nicht. Früher in der Pubertät sicherlich. Desirée!

»Den Kopf etwas zurücklegen«, sagte sie, verteilte dabei Shampoo auf meinem vollen 15-jährigen Haar.

Zum Einmassieren beugte sie sich über mich. Es war Sommer – und um weiter mit Peter Maffay zu formulieren – das erste Mal im Leben. Damals hatte ich noch nicht 6.5 Dioptrien, sondern 3. Kurzsichtige Pubertierende wissen, damit lohnt sich aus einem halben Meter Entfernung der Blick in Desirées Dekolleté. Wie gesagt, das erste Mal im Leben wusch mir eine Frau die Haare, und ich sah dabei ihre …

»Ihre Brille, bitte zum Haarewaschen abnehmen«, fordert Mandy. Dann bietet sie mir eine Handmassage an. Also bitte! Eine verkrampfte Hand hatte ich mit 15, es war Sommer.

»Möchten Sie eine Zeitschrift?« Grad hab ich meine Brille hingelegt.

Hector kommt vorbei, setzt mir meine Brille wieder auf: »Es tut mir so leid, aber das geht jetzt doch noch ein Weilchen. Eine Handmassage? Kopfmassage? Ein Kompresschen?«

Ja, sing ich bei den Scissor Sisters? Warum nicht einfach waschen, schneiden, föhnen und packen Sie mir doch gratis was von dem Gel ein?

Das geht nicht, meint Hector. Haargel ist das einzige Produkt, was seit den 90ern preislich genauso schnell gestiegen ist wie das Benzin. Alle gehen wir zum Friseur, aber weil uns das Ergebnis immer seltener gefällt, brauchen wir was, womit wir die Haare anschließend nass und unordentlich aussehen lassen können. Hässlich, aber wenigstens professionell hässlich. Gedanken, die einem Kopfschmerzen bereiten. Also gut, her mit der Kopfmassage, die ist wenigstens im Preis mit drin.

Mandy massiert, was sensationell ist – wenn du anschließend

stundenlang unaussprechliche Dinge tust, und zwar nackt, aber nicht auf einem Stuhl hockend und eingepackt im Zwei-Mann-Zelt, das dir mit Krepppapier an deinen Hals getackert wurde. Ganz ruhig bleiben!

Mandy massiert zu Ende und fragt – »Eine Latte?« … »Bitte?« … »oder ein Mineralwasser?«

Mensch Mandy, wenn ich Durst habe, dann trink ich was – zu Hause, das nächste Mal massiert werden möchte ich bitte auch – zu Hause. Und zum Friseur geh ich, weil ich einfach nur einen simplen Haarschnitt brauche, in 30 Minuten – sonst darf ich nämlich nicht mehr – nach Hause.

Im Supermarkt

Gestern in meinem Stammsupermarkt. Name tut nichts zur Sache, der Besitzer hat gewechselt, aber es ist immer noch mein Supermarkt, in dem ich schon Ravioli mit Fleisch in der Soße gekauft habe, da gab es noch die D-Mark. Ist eigentlich schon mal aufgefallen, dass Zirkeltraining im Schulsportunterricht früher viel mit dem Einkauf im Stammsupermarkt gemeinsam hat? Mit jedem Mal wird es leichter, egal wie kompliziert das Ganze für Anfänger scheinen mag. Und im Schulsport wie im Supermarkt gibt es zwei Sorten von Teilnehmern. Loser und Sieger. Die Loser brauchen ewig, um sich zu orientieren, und irgendwann wird ihnen an der Sprossenwand schwindlig, bzw. sie machen sich als Supermarktkunde lächerlich, weil sie fragen müssen: »Wo stehen denn die Sojasprossen?«

Ein Siegertyp hingegen kauft oft nur noch ein, weil er auf der Jagd ist nach einer neuen Bestzeit. Problemlos kauft er in knapp einer halben Minute beispielsweise eine Packung Tiefkühlfischfilet à la Bordelaise, Kochbeutelreis, Rasierklingen, Mineralwasser medium, Vanillepudding und, wenn es sein muss, auch noch sechs Fleischtomaten – selbst gewogen, versteht sich. Und den Einkaufswagen stell' ich auch noch zurück. Ja, im Lebensmitteldiscount bin ich der Supermarktschumi.

Nur weil ich so unendlich bescheiden bin, wurde darauf verzichtet, neben dem Mitarbeiter-des-Monats-Bild ein Foto von mir aufzuhängen. Schnellsteinkaufender Stammkunde 1996 bis 2006. Manchmal mach ich mir den Spaß, und geh am 24. Dezember, kurz vor Ladenschluss, alles für die Feiertage einkaufen. Ohne Übertreibung, wenn die anderen noch zahlen, feiere ich schon Ostern. Vielleicht ist es Talent, vielleicht jahrelanges Training – wahrscheinlich beides. Und so sinnvoll. Im

Gegensatz zum Zirkeltraining brauchst du die jahrelange Erfahrung immer wieder.

Keiner von uns muss noch die Sprossenwand hochrennen. Sie sind Manager, und Sprossenwände gehören zur Seminarroutine. Arme Wurst. Bitte? Dafür lassen Sie einkaufen, ätsch. Angeber! Nun gilt es, eine neue Bestzeit aufzustellen. Parke in der zweiten Reihe, Schatz wartet. Renne so schnell, dass die automatischen Eingangstüren mal wieder zu langsam sind. Stoße mir das Knie. Na und, verletzt bin ich immer noch schneller als die lahme Mutti, die schützend ihr Kleinkind aus dem Kindersitz reißt, als ich ihren Wagen ein kleines Stück zur Seite rücke. Sprintend greife ich aus dem Augenwinkel nach dem Tiefkühlfischfilet und hab Spülmittel in der Hand. Sofort zur Verkäuferin. Gute Frau, jemand hat das Kühlregal geklaut, rufen Sie die Polizei. Da sagt die doch: »Des gehört so, wir haben alles umsortiert. Was suchen Sie?« Kindchen, hab ich gesagt, das hier ist mein Supermarkt, da suche ich nicht. Ich bin nicht irgendeine daherhumpelnde Laufkundschaft, ich kenne mich hier aus. Blind, Baby. Nur mal als Beispiel: Kapern im Glas stehen im Regal schräg gegenüber von der Marmelade. »Stimmt nicht, meint sie, da sind jetzt die Getränke – Kapern stehen jetzt in der Special-Spices-Sektion, die neue Geschäftsführung hat alles umräumen lassen.«

Entschuldigung – seit wann dürfen Supermärkte umgeräumt werden? Das Leben ist kein Lolli. »Lollis stehen jetzt hinten rechts im Candy Corner.«

Mein Supermarkt, das war nicht einfach nur eine Ansammlung von Regalen, Paletten und ausgelaufener Milch vor der Kühltheke. Das war mein Zuhause. Hier kenn ich jedes Fach und jede Theke. Hier hab ich immer eingekauft, Montag, Dienstag und Miracoli-Tag. Da kannst du doch nicht den Raviolidosenturm woanders hinstellen. Stell ich das Ulmer Münster nach Karlsruhe? Da werden doch auch Erinnerungen zerstört. Noch heute sehe ich mich Motivservietten aus dem Regal nehmen, für das erste romantische Abendessen mit der Liebe meines Lebens.

In meinem Motivserviettenregal stehen jetzt Haushaltsartikel! Sollen wir uns beim nächsten romantischen Candlelight-Dinner Klosteine um den Hals binden? Und nur so nebenbei, die Kerzen sind auch vier Cent teurer. Freunde, ihr müsst nicht denken, nur weil ihr umräumt, können wir nicht mehr rechnen. Keine Frage, hier muss der Gesetzgeber einschreiten. Das Umräumen von Supermärkten, nur weil man mal eben den Konzern gekauft hat, ist verboten. Wer es als Neubesitzer auch nur wagt, die Rasierklingen da einzusortieren, wo schon immer die Chips gestanden haben – wird nach China verbannt – damit er dort die Volkswirtschaft ruinieren kann.

Reich werden

Die ganze Nacht konnte ich nicht schlafen, weil ich mir über Geld Sorgen gemacht habe. Das Leben ist kein Lolli und deshalb brauchen wir Geld, viel Geld. Aber wir gehen das Reichwerden viel zu verkrampft an. Locker bleiben. Besser noch träumen. Träumen? Quark, es muss gearbeitet werden. Fleiß, Präsenz und Networking sind notwendig, damit wir bis zum 67. Lebensjahr in einem sicheren Arbeitnehmerverhältnis leben. Deshalb schicke ich noch eben schnell eine Rundmail an alle. Betreff: kann jetzt nicht – bin im Meeting. Thema des Meetings? Egal. Wichtig ist nur, dass alle erfahren, der Kai ist total beschäftigt, nimmt sich aber immerhin die Zeit, mir mitzuteilen, dass er keine Zeit hat. Was meine Umwelt jetzt nicht weiß, statt ins Meeting zu gehen, leg ich mich auf die Couch und esse einen Heidelbeerjoghurt. Grund: Die besten Ideen hat jeder Mensch allein und in seinen Tagträumen! Ja. Das, und der Heidelbeerjoghurt muss weg, weil er schon drei Tage über dem Verfallsdatum ist. Tagträumen möchte ich jetzt aber wirklich mal ausprobieren, denn so ist angeblich auch »Wetten dass« entstanden, und es wurde das Geheimnis des Benzolmoleküls gelüftet. Der Traum ging so: Eine Schlange wettet, dass sie sich selbst in den Schwanz beißen kann, und anschließend singen »August Kekule and his molecules«. Nein, es waren zwei Träume. Elstner träumte davon, Menschen drei Stunden mit Wetten und Promis zu quälen und Kekule träumte, eine Schlange beißt sich selbst in den Schwanz und bildet dabei einen Ring. Als beide wieder wach wurden – übergab Elstner schnell an Gottschalk, und Kekule wusste, Kohlen und Wasserstoffatome bilden eine Ringstruktur. Toll. So was kriegst du mit konzentriertem Nachdenken am Schreibtisch nie hin. Also wird jetzt geträumt. Am besten von einer Möglichkeit, ganz viel Geld mit dem geringsten Aufwand zu verdienen. Begeben wir uns in einen gewinnbringenden Trancezustand. Ich bin ganz ruhig. Ich liege auf dem Sofa und bin ganz ruhig. Auf meinem Bauch bewegt sich ein fast leerer Heidelbeerjoghurtbecher auf und ab, und ich bin ganz ruhig. Wenn ich jetzt einschlafe und der Joghurtbecher umkippt, gibt es auf dem Sofa einen ewigen Heidelbeerjoghurtfleck. Das ist mir egal, denn ich bin ganz ruhig und bleibe ganz ruhig. Ruhe durchfließt meinen Körper. Ich schlafe ein, bin ganz ruhig und entspannt. Es riecht nach Heidelbeere. In meinem Traum kommt Schatz ans Sofa. Sie hat einen Baseballschläger in der Hand. Was will mir der Traum sagen? Sind heidelbeerfarbene Baseballschläger bald so ein Verkaufserfolg wie früher schneeweiße MP3 Player? Könnte sein. Aber jetzt bleibt keine Zeit darüber nachzudenken, denn im Traum prügelt Schatz gerade mit dem Baseballschläger auf mich ein, weil ich einen Joghurt auf unserem empfindlichen Sofa gegessen habe. Glücklicherweise wache ich gerade auf, und mein Hund leckt den Joghurtbecher leer. So geht das nicht. Friedrich August Kekule ist beim Träumen auch nicht von Familie und Lebensmitteln gestört worden. Runter vom Sofa! Und das sag ich jetzt nicht nur zu meinem Hund. Zum Tagträumen wird jetzt in die Stadt gegangen. Nach außen hin mag ich wirken wie ein Enddreißiger, der ziellos durch die Geschäfte irrt und hofft, bloß niemanden zu treffen, den er kennt. Tagsüber durch die Läden latschen. Ist er arbeitslos? Hat ihn seine Frau verlassen? Hat er da wirklich Heidelbeerjoghurt auf dem Hemd? Nein, ich tagträume mich zum finanziellen Erfolg. Die Müdigkeit dafür hat jeder, der nur zwei Regale im Elektromarkt entlangschlendert und in die unfreundlichen Augen eines Verkäufers blickt, der »saunett« auf seinem roten T-Shirt stehen hat. Allerdings dröhnt es zu laut aus der Car-Hifi-Abteilung und deshalb setze ich mich zum Wasserspiel, um meine Tagtraumsession fortzusetzen. Schnell nicke ich ein, aber außer von mit roten T-Shirts bekleideten Schweinen, die auf Autoradios sitzen und den Rhein entlangschwimmen, träume ich nichts. Was würde Kekule mit so einem Traum machen? Warum kann ich nicht so was Tolles träumen wie er? Schlangen, die sich in den Schwanz beißen. Damit kannst du was anfangen. Da denkt doch jeder sofort, hier geht es um organische Chemie. Schweine, Autoradios, Rhein, rote T-Shirts, wie willst du damit reich werden? Sie wissen es? Na toll, dann viel Spaß beim Reichwerden. Tagträume machen für mich keinen Sinn, ab morgen versuche ich es wieder mit ehrlicher Arbeit. Zugegeben, ganz so schnell bin ich noch nicht geheilt. Auf dem Nachhauseweg hab ich es noch ein paar Mal mit Tagträumen versucht. Im Auto wäre mir beim Träumen auch fast was eingefallen, wenn die anderen nicht so laut gehupt hätten. Später beim Abendessen mit Schatz war ich auch ganz weg, während sie irgendwas erzählt von einem Typen, der Millionär geworden ist, weil er ein neues Reinigungsmittel entwickelt hat. Das Zeug sei wirklich super, sie habe damit vorhin sogar den Blaubeerjoghurtfleck aus dem Sofa wieder rausgekriegt. Angeblich, so erzählt Schatz, während meine Augendeckel flackern, sei das Mittel aus Schweineborsten, alten Autoradios und roten Baumwollfasern. Dann räumen wir ab, gehen mit dem Hund, schauen Fernsehen, und ein weiterer Tag, an dem ich dem Reichtum keinen Schritt näher gekommen bin, geht zu Ende. Die ganze Nacht konnte ich wieder nicht schlafen. Geldsorgen? Quatsch. So geht es jedem, der den ganzen Tag geträumt hat.

Kai der Kobold

•

•

•

Eine Frau, jung, attraktiv, selbständig …

»Danke schön.«

… hatte sich im Baumarkt mit Werkzeug eingedeckt, um nun ihr Badezimmer zu renovieren. Da plötzlich, als sie den Euro in den Einkaufswagen stecken will, verwandelt sich die Münze in Kai den Kobold.

»So ein Mist, ich hab doch sonst kein Kleingeld mehr!«

Kai der Kobold erklärt ihr, er sei gekommen, um ihr drei Wünsche zu erfüllen.

Da ist die junge Frau schon wieder beruhigt und wünscht sich: »Ich möchte mir gleich beim Renovieren nicht mit dem Hammer auf den Daumen hauen.«

Es macht Piff-Paff-Puff. Die Renovierungsarbeiten beginnen, und die Frau bleibt unverletzt. Als alles fertig ist, sagt die Frau: »Na, das sieht ja mal richtig schlecht aus! Ich wünsche mir ein funkelnagelneues Badezimmer, mit allem Drum und Dran.«

Wieder macht es Piff-Paff-Puff, und das selbst renovierte Badezimmer verwandelt sich in ein Spitzenbad mit Whirlpool, Fußbodenheizung, Tageslichtbeleuchtung usw.

»Was ist dein dritter Wunsch?«, fragt Kai der Kobold.

»Ich möchte beim Baden auf den Ozean gucken, und die Kante von meinem Whirlpool soll genau auf einer Linie mit dem Ozean liegen.«

Da ist Kai der Kobold etwas verlegen und meint: »Äh das ist aber echt also, schwer …, geht vielleicht noch was anderes?«

»Mmm, dann wünsche ich mir, dass mein Partner im Bad immer den Klodeckel runterklappt.«

Da meint Kai der Kobold: »Welcher Ozean soll es denn sein Atlantik, Pazifik oder Indischer Ozean?«

L
E
B
E
N
S
K
I
S
TECHNIK
E
N

Anklopfen

•
•
•

Telefonieren, seit Graham Bell, der Fußpilz unter den Kommunikationsformen. Da sprechen zwei Menschen miteinander, ohne auch nur ahnen zu können, was das unsichtbare Gegenüber tut. Da kannst du an einem Ende der Leitung einen Weinkrampf bekommen, und trotzdem hört die wirklich gute Freundin nur im Rahmen des Multitaskings – kochen, fernsehen, telefonieren – zu. Erst wenn zum dritten Mal geschluchzt und in den Ärmel gerotzt wird, hören Sie kurz zu und fragen plötzlich: »Mensch, warum weinst du denn?« »Was soll ich sonst machen, wenn du Zwiebeln schälst!« »Das spürst du, ist ja irre!« Ich spüre, dass ich eine Stunde lang unter Tränen und für nur 2 Cent pro Minute detailliert erzähle, wie ich versehentlich einen Hasen überfahren habe, doch statt mitfühlend zuzuhören, wird nebenbei ein Karnickel in den Ofen geschoben. Das war jetzt nur ein untertriebenes Beispiel. Es gibt unzählige Frauen, die mit ihrer Freundin plaudern, während sie essen, Auto fahren und nach dem Weg fragen bis hin zu telefonierenden und gleichzeitig gebärenden Müttern. Schreckliche, schnurlose Welt. So schrecklich, dass wir vor allem der Schnur nachtrauern, denn mit ihrer Hilfe könnten wir uns wenigstens aus diesem tristen Dasein verabschieden. Das Schöne im Leben ist aber immer wieder, wenn du denkst, schlimmer geht es nicht mehr, kommt die deutsche Telekom und bietet ihren Kunden ein weiteres Feature: Die Anklopffunktion! Der größte Schwachsinn aller Zeiten.

Ich rufe einen Freund mit Anklopffunktion an. Am Privatanschluss. Nach Ende der normalen Arbeitszeit. In seinem Urlaub! Mister Immererreichbar hat aber trotzdem seine Anklopffunktion aktiviert und stellt mich auch noch auf Lautsprecher.

Als er merkt, dass ich es bin, nimmt er schnell den Hörer in die Hand. Es ist schon vorgekommen, dass ich Freunde, die mich auf Lautsprecher gestellt hatten, bitten musste, für einen Augenblick am Apparat zu bleiben.

Sie warteten und plötzlich kam ich bei Ihnen zu Hause vorbei und habe ihr Telefon platt gemacht. Geht ganz einfach. Nicht klingeln, sondern mit dem Wagen durchs Wohnzimmerfenster fahren, da steht meistens das Telefon irgendwo auf dem Tisch. Vielleicht eine kleine Überreaktion. Tut mir leid, wirklich, aber es macht mich einfach aggressiv, wenn meine Mitmenschen am Telefon ganz weit weg klingen, obwohl sie doch nur einfach in die Muschel sprechen müssten. »Hallo. Es geht mir gut«, artikuliert mein Freund in die Muschel und drückt mir eine Kassette ins Ohr. A-Seite – sein Job, B-Seite – Probleme mit Frauen. Glücklicherweise ist er so altmodisch, dass er noch keinen MP3-Player kennt. Dann wären es garantiert 80 Gigabyte für frühe Midlife-Crisis geworden. Schließlich versuche ich mit einem beherzten bei mir gibt es auch viel Neues, das Gespräch wenigstens für eine Minute auf meine Person zu lenken. Plötzlich unterbricht er: »Warte mal einen Moment, ich krieg gerade einen Anruf.« Was heißt, er kriegt? Er hat einen Anruf! Oder bin ich etwa kein Anruf? »Okay, da bin ich wieder, war nicht wichtig, also wo waren wir … oh, warte mal ganz kurz.«

Kurz ist oft so lang, dass ich inzwischen nie ohne Lektüre in der einen Hand das Telefon in die andere nehme. Ohne Übertreibung, ich habe schon mal, während ich in der Anklopfwarteschleife hing, die komplette Gebrauchsanweisung meines Telefons gelesen, makeln, Konferenzschaltung und natürlich anklopfen. Nicht dass ich von meinem Telefonpartner noch einen Funken Anstand erwarte, aber er könnte theoretisch sogar eine Warteschleife Musik aktivieren. Vorschlag – die Textzeile von Beck: I'm a loser Baby, so why don't you kill me …!

»Okay, da bin ich wieder, entschuldige, war meine Freundin,

du weißt ja wie Frauen sind, reden immer so lange … Oh, wer kann das denn jetzt sein, bleib dran, ja?«

Wer das sein kann? Die Freundin natürlich. Eine von denen, die nach dem Telefonat immer nochmal anrufen. Am besten lege ich auf und streiche den Freund und seine von Früh-Alzheimer befallene Gespielin aus meinem Gedächtnis. Sie sind zu nichts nütze. Wo wären sie denn, wenn ich mal nicht in der Warteschleife hängen würde, sondern überm Abgrund. Ich könnte doch einen durch ständigen Telefonhörerelektrosmog verursachten Gehirntumor haben. »Ok, da bin ich wieder, was, du hast einen Gehirntumor? Um Himmels willen, das ist ja schrecklich, hör mal, aber keine Sorge, ich bin immer für dich da, und wirklich von mir erfährt niemand was … Sekunde mal.«

Es reicht. Dieser Armleuchter mit Anklopffunktion hat mich lange genug genervt. Ich bleibe in der Leitung, nehme mein Handy, wähle seine Nummer, nur um bei ihm anzuklopfen und um ihm zu sagen …

Hallo, ich bin es, ich wollte dir nur sagen, das Leben ist kein Lolli, ich bringe mich jetzt um.

»Okay … ähm, spring mal noch nicht, warte, ich muss ganz kurz an die andere Leitung, da ist der Kai und der hat einen Gehirntumor.«

Voll das scharfe Gerät

•
•
•

In meinem Leben gibt es eine Neue. Allein der Gedanke an sie macht mich schon ganz wuschig. Mit größter Zurückhaltung möchte ich formulieren: voll das scharfe Gerät. Kaum zu glauben, aber sie macht auf Knopfdruck wirklich alles, meine neue Multifernbedienung. Mit meiner Ex-TV-Fernbedienung nicht vergleichbar. Übrigens, von ihr hatte ich mich selbstverständlich innerlich längst getrennt, bevor ich die Neue im Internet entdeckte. Wir hatten uns auseinandergelebt. Wenn ich im Wohnzimmer umschalten wollte, lag sie im Schlafzimmer. Weiß der Geier, wie sie da überhaupt hingekommen ist … Mit meiner neuen Fernbedienung ist das ganz anders.

Früher da musstest du immer den ausgestreckten Arm genau im 73-Grad-Winkel zum Fernseher ausrichten, damit der Fernseher endlich etwas lauter wurde. Die Neue macht es viel schneller laut. Sie kann auch viel mehr, nicht nur TV, auch Audio, Video. Gut, selbstverständlich schluckt sie auch … jede Menge Strom. Deshalb suche ich auch gerade die alte Fernbedienung. Wahrscheinlich hat sie sich aus Unsicherheit extra versteckt. Hätte meiner Meinung nach nicht sein müssen. Heutzutage ist doch so eine Trennung von Tisch und Nachtisch eigentlich nicht mehr nötig. Da waren wir so lange zusammen. Vielleicht wäre es auch zweigleisig ganz gut weitergelaufen. Nicht, dass ich mir hätte vorstellen können, dass wir gleich zu dritt im Wohnzimmer vor dem Fernseher liegen. Eigentlich ist auch da nichts dabei, wenn alle einverstanden sind und Spaß haben. Meine alte Fernbedienung war aber im Grunde auch sehr konservativ. Unter uns, für den Bildschirmtext hatte sie gerade mal zwei Knöpfe. Das kann einen auf die Dauer nun wirklich nicht befriedigen. Selbstverständlich soll es jetzt keinen Streit geben oder Vorwürfe, aber es muss schon möglich sein, dass, das was mir gehört, auch meins bleibt.

Sie hat noch zwei neue Batterien von mir und die will ich in die Multifunktionale stecken. Das möchte ich beiden allerdings nicht sagen, sonst verstecken sie sich am Ende noch beide. Meine Neue kann nämlich auch ganz schön zicken. Trotz multifunktional versteht sie sich z. B. ganz schlecht mit meiner Kompaktanlage. Sie ist, glaube ich, etwas markengeil. In ihrer Gebrauchsanweisung steht eine lange Liste, mit welchen Marken sie gut kann. Bang Olufsen, Revox – nur kein Wort von Tchibo. Auf so was hat meine Alte keinen Wert gelegt. Die hat den guten alten Fernseher an- und ausgeschaltet, morgens, mittags und manchmal, wenn ich nachts vor der Glotze eingepennt bin, hat sie die Kiste sogar selber ausgemacht. Das oder ich bin im Halbschlaf mit dem Kopf auf ihren Powerknopf gekommen.

Der Knackpunkt kam eigentlich erst, als langsam die Ziffern auf ihren Knöpfen ausblichen. Warum musste sie auch immer in der Sonne liegen bleiben? Da pass ich doch ein bisschen auf und leg mich in den Schatten des Videorecorders. Irgendwann gingen die Tasten nicht mehr zurück, wenn du draufgedrückt hast. So geht es einfach nicht, da war die Geduld zu Ende. Im Rückblick eine Überreaktion, eigentlich war es ja doch meistens sehr schön. Probleme gibt es überall, da nennt man nach drei Stunden suchen auch mal im Affekt jemanden blödes Scheißding … aber es war doch auch immer schön, auf dem Sofa zu liegen und so zu tun, als wäre sie eine 44er Magnum. Mit der Neuen kannst du so was vergessen. Ich halte doch nicht »TV« gedrückt und presse viermal die Eins-Taste, nur um Günther Jauch vom Schirm zu pusten. Mein Rat also: Never change your remote control. Das gehört sich einfach nicht. Jeder, der als Kind für seine Eltern ständig vom Sofa aufstehen musste, um das Sandmännchen weg- und den Kommissar einzuschalten, weiß doch, was das für eine Rennerei ist.

Erst recht für so ein kleines Gerät. So eine Fernbedienung hat auch nicht unbedingt eine besonders hohe Meinung von sich selbst. Genau besehen ist sie ja nichts weiter als ein batteriebetriebener Laufbote. Sie darf noch nicht mal sagen, wo es langgeht. Vielleicht hätte sie viel lieber auf die dritten Programme gedrückt als auf RTL. Anfangs war die Fernsehfernbedienung auch noch die Einzige in meiner Wohnung. Dann kam die Fernbedienung für den CD-Player, später für den Video, die Kaffeemaschine, die Rollläden, die Lampen. Irgendwann konnte ich alles vom Bett aus steuern. Per Knopfdruck, da bist du dann so abhängig, dass du die passende Fernbedienung suchst, weil du glaubst, du hättest so ein Ding, das dafür sorgt, dass du die fünf Meter zum Klo nicht mehr gehen musst. Ist aber doch auch was Magisches. Ganz ohne Schnur, da fühlt sich jeder irgendwann wie der liebe Gott. Überhaupt, eine gute Frage. Hat Gott für jeden Einzelnen von uns eine Fernbedienung? Hat er extra Fernbedienungen mit Tigermuster für Großkatzen? Ist die für Wale vielleicht delfinförmig? Selbstverständlich hat er eine Multifernbedienung, die sich per Knopfdruck auf jede Spezies einstellt. Für jede Art eine eigene Fernbedienung, wo soll er die denn hinlegen, so lange Couchtische gibt es doch in keinem Möbelmarkt. Gott hat eine Multifernbedienung. Ob er sie manchmal auch verlegt und dann durch den Himmel rennt und suchen muss? Was, wenn er sie nicht findet? Läuft hier alles weiter? Vielleicht hat er sie irgendwo fallen lassen, und jetzt liegt der Hund drauf. Kann doch sein. Wenn es ganz dumm läuft, drückt die Pobacke von Gottes Hund auf der Fernbedienung die Lautstärketaste und deshalb erwärmt sich die Erde so abartig. Gott bekommt davon selbstverständlich nichts mit, weil er immer noch seine Fernbedienung sucht. Er kann uns im Moment vielleicht gar nicht helfen.

Wir sollten deshalb zumindest vorsorglich auf alle Fernbedienungen verzichten. Am besten wir schubsen wie früher die Kinder vom Sofa, damit die an- und umschalten. Schon ist die

Sache mit den übergewichtigen Kindern schnell geklärt. Mir fällt nur gerade auf, ich hab gar kein Kind. Im Übrigen wird sich auch Jesus ganz schön bedanken, wenn er vom Sofa geschubst wird, nur weil Papi gerade die Fernbedienung nicht mehr findet. Stimmt. Gott sei Da … äh … prima! Auch wenn Gott im Augenblick die Fernbedienung für die Erde nicht findet; er wird die Suche nicht aufgeben. Und irgendwo muss das Ding doch auch sein. Meine, mein ich jetzt, und suche verzweifelt das Sofa nach meiner geliebten alten Fernbedienung ab. Erst nichts und dann plötzlich etwas kantiges Hartes … das muss sie sein! Sie ist durch die Ritze ins hohle Sofa gefallen, ich muss sie rausholen … Kettensäge? Feuerwehr?

»Was soll das heißen, Sie kommen nicht wegen einer im Sofa eingeschlossenen Fernbedienung? Jede dämliche Katze wird aus dem Baum geholt, aber dass meine Fernbedienung gefangen ist in den Tiefen eines Möbels, ist wurscht!«

Hoffentlich hat Gott bald wieder die Fernbedienung in der Hand, damit wir die Feuerwehr nicht mehr brauchen. Mich tröstet, dass es im Baumarkt Kettensägen ohne Fernbedienung gibt. Hier haben die Entwickler schon gelernt und endlich einen Anfang gemacht, die Fernbediensucht einzudämmen. Als ich später mein Sofa zur Hälfte durchgesägt habe, entdecke ich beim Schweißabwischen im Augenwinkel meine alte Fernbedienung. Sie liegt wie immer auf dem Fernseher. Das Kantige in der Ritze war eine sehr, sehr alte Südfrucht. Enttäuscht von zwei Fernbedienungen und um ein Sofa ärmer, drücke ich traurig die Play-Taste von meiner Stereoanlage.

Mit Fernbedienungen will ich nichts mehr zu tun haben. Ich kann auch so umschalten. Es bleibt sogar noch die Zeit, um in aller Ruhe nach meinem schnurlosen Telefon zu suchen.

DVD-Verpackungen

DVD ist nur eine Abkürzung. Eine Abkürzung für »Doof Verpackte Disc«.

Milch kannst du in hauchdünne Plastiksäcke füllen, zerbrechliche Eier in Pappkartons, Großeinkäufe in nach unten ausreißende Papiertüten, aber einen 90-Minuten-Spielfilm mit Jennifer Aniston – so was gehört geschützt wie die Mona Lisa im Louvre! Welcher Volldepp kam denn wieder auf die Idee? Die DVD hat doch schon eine Hülle und gilt selber auch als recht stabil. Trotzdem werden die Dinger eingeschweißt wie unsereins als Kind im Winter. Mehrlagig. Zwei Paar Socken, acht Lagen Pullover, Mütze, Schal, rundrumverschließbarer Anorak. Wäre das nicht so gewesen, würden wir heutzutage lieber draußen spielen gehen, statt immer wieder vor einem nicht abbezahlten Flachbildfernseher stehen und in die Kante beißen. Die Kante von der DVD-Verpackung. Da beißen Sie wild entschlossen oben rechts ins Eingeschweißte, spucken und verschlucken Plastikfetzen, zerren und schütteln 9 Euro 90 wild mit dem Kopf hin und her und werden immer wilder. Aufgehört wird erst, wenn der eigene Hund verzweifelt ins Tierheim zurückgehen möchte, weil er sagt: »Herrchen, das ist kein Stofftier, dem du schüttelnd das Genick brechen kannst, das ist eine Digital Versatile Disc.«

Schlimmer, als sich vor einem Haustier lächerlich zu machen, ist, wenn du versuchst die dämliche DVD aufzukriegen und ein Kind kommt vorbei. In Sekundenschnelle bekommen die die Dinger auf. Noch schneller, wenn du nicht dabei bist. Es muss einen genetisch bedingten Aufmachreflex geben. Mit ihren winzigen Pfoten greifen Patenkinder in unbeobachteten Momenten zu. Schwupp – offen und schluck – gleich rein mit: »Der Pate«, Platin-Sonderedition-DVD, ab in den Mund. Warum stecken Patenkinder alles, was sie aufmachen, anschließend in den Mund? »Nein, mein Schatz, das Runde da ist kein Keks. Da darfst du nicht draufbeißen. Sonst muss dein Onkel es wie einen Unfall aussehen lassen.«

In diesem Zusammenhang der Hinweis. Ja, die DVD kann aus 30 000 Meter Höhe abgeworfen werden und ist anschließend noch abspielbar. Befinden sich allerdings Abdrücke von drei Milchzähnen auf der Disc, geht die Tonspur nur noch Kantonesisch. Drei Stunden »Der Pate« auf Kantonesisch ist fast so schlimm, wie drei Stunden lang dem Gebrabbel der Eltern zuzuhören, die versichern: »Also, so was hat die Kleine noch nie gemacht.« Selbstverständlich wollen sie alles ersetzen, wobei das doch auch nur was Materielles sei. Viel wichtiger sei doch, dass die Kleine beim Durchwühlen meiner DVD-Sammlung total wichtige Erfahrungen gemacht hat. Nicht nur das Auf- und Reinbeißen sei ein großer Schritt in ihrer Entwicklung gewesen, nein, auch das Bemalen von dieser Bruce Springsteen DVD-Hülle, die, zugegeben, von ihrem Sabber etwas mitgenommen aussieht, sei doch wirklich toll. Das Bemalte ist ein Originalautogramm mit Widmung! Reicht das wirklich als Motivation, um den Eltern des Kindes in der darauf folgenden Nacht einen Pferdekopf ins Bett zu legen und dem Patenkind nie wieder was zum Geburtstag zu schenken? Okay nicht!

Sie haben recht. Der Verlust der DVD war schlimmer. Was aber noch schwerer wiegt, ist die Tatsache, dass vor allem kleine Mädchen und deren Mütter viel leichter fies Verpacktes aufkriegen, und zwar ein Leben lang. Das wissen sie und ziehen uns damit auch noch auf. Der Satz: »Ich brauch ganz schnell einen starken Mann, ich krieg das Gurkenglas nicht auf.« Gelogen! Wieso ist nie eine Gurke da, wenn Mann hungert. Weil Frauen, wenn sie allein sind, ständig Gurken essen. Wieso? Weil sie die Gläser aufkriegen! Da stehen sie in der Küche, beißen ins Gemüse und denken: »Wir Frauen sind toll, wir können viel besser aufmachen als Männer.«

Knaben übrigens, kriegen auch noch alles auf. Aber im Gegensatz zu den Wesen mit XX-Chromosom verlieren wir in der Pubertät diese Fähigkeit im Rahmen eines traumatischen Erlebnisses. Und zwar, wenn wir, die XYs auf die BHs treffen.

Wer beim ersten intimen Erlebnis an einem BH scheitert, ist gezeichnet fürs Leben. Solche Männer kriegen eigentlich in ihrem ganzen Leben nichts mehr aufgerissen, zumindest nicht mit den Händen. Das sind die ewigen Aufbeißer. Hier weiter auf die Aufreißer, als da wären Clooney, Pitt, Mc Dreamy und wie sie alle heißen, einzugehen, muss nun wirklich nicht sein.

Wir alle wissen, dass diese Herren, als sie zum ersten Mal die Möglichkeit zum Auspacken bekamen, lässig und einhändig den Rückenverschluss geöffnet haben. Anders der Film im Leben des heranwachsenden Aufbeißers. Er hat wochenlang für trockene Hände und Frontverschluss gebetet, doch hören seine roten Ohren beim ersten Mal unterm T-Shirt nach einer erfolglosen halben Stunde nur den Satz:

»Schon gut, Kleiner, ich mach dir meinen BH auf.«

Aus, vorbei, Schluss für immer. Dieser Heranwachsende wird seinen Fingern nie wieder trauen und deshalb auch nur eine einzige flehende Bitte an die Unterhaltungsindustrie: »Gnädigste, keine Folien, kein Einschweißen, nichts darf mehr mit Gewalt aufgerissen werden müssen. Keine DVDs, keine Kaufkassetten und vor allem keine Kondome.« Da haucht sie: »Komm, ich mach dir meinen BH auf, aber du musst ein Mützchen anziehen.« Auch wenn die zweite Hälfte des Satzes aus mehreren Gründen ein Abturner ist, moderne Männer haben damit kein Problem. Her damit. Gut, sicher, mit den Händen kriegt er das nicht auf, also den Kiefer reingehauen. Es dauert. Währenddessen kommt der Hund unangemeldet ins Schlafzimmer. »Ich fasse es nicht, jetzt versucht er auch noch Kondomen das Genick zu brechen.« Wenig später ist das Ding immer noch zu, und sie schon fast nicht mehr in Stimmung.

Rosebud

•

•

•

Eine unabhängige Studie hat ergeben, Frauen fahren Autos lieber durch eine vollautomatische Waschstraße, statt das Auto in eine SB-Waschanlage zu lenken und dort mit Hochdruckstrahl, Wasserharpune und Schaumspritzbürste selbst zu putzen.

Hallo. Hier oben. Unter der Decke. Ja, ich hänge in einer SB-Waschanlage, kopfüber von der Decke. Meine Füße sind gefesselt mit den Schläuchen der bereits erwähnten Wasserharpune und der Schaumspritzbürste. Wie kommt es, dass ein erwachsener Mann an der Decke einer SB-Waschanlage baumelt? Nun, in feuchter Umgebung auf dem Kopf hängen, hilft bei Haarausfall. Halt! Nicht nachmachen, war ein Scherz.

Ich hänge hier von der Decke, weil Schatz unbedingt wollte, dass ich mit Rosebud noch schnell durch die Waschstraße rausche, bevor unser Besuch kommt.

Schade, wir beide hatten gerade so viel Spaß. Sind einfach nur durch die Gegend gefahren, haben überhaupt nicht mehr an all die schlimmen Sachen gedacht, die mit B beginnen. Beruf, Beziehung, Besuch. Aber, immer wenn mir das Leben diese schönen Augenblicke schenkt, klingelt das Handy, und Schatz gibt mir das Gefühl, ich sei ein Achtjähriger, der nun lange genug mit seinen Spielzeugautos rumgespielt hat und nun bitte schön sofort erwachsen wird. Als Achtjähriger habe ich dieses plötzliche Ende meiner Kindheit gehasst. Damals konnte ich ja nicht ahnen: Das ist er, der Alltag des modernen Mannes. Und schlimmer noch, als Achtjähriger musste ich dem Besuch nur guten Tag sagen und konnte ins Kinderzimmer flüchten, um dort von den Leibeswinden meines im Etagenbett drüber liegenden Bruders genervt zu werden. Heute werde ich den ganzen Abend mit den geistigen Blähungen anderer Leute gequält. Leute, die offenbar darauf bestehen, dass der ausgewachsene Achtjährige sich bitte schön nur mit gewaschenem Auto an den Tisch setzt.

Dabei ist mein einziger wahrer Freund, Rosebud, überhaupt nicht schmutzig. Was heißt das überhaupt: schmutzig? Das bisschen Staub auf dem Auto – lächerlich. Würde Rosebud riechen, ich wäre der Erste, der ihn waschen oder wenigstens einen Wunderbaum besorgen würde. Aber, und das überrascht jetzt vielleicht, egal wie viele Kilometer Autos zurücklegen, sie riechen nicht unter der Achse. Doch was wissen der Besuch und Schatz schon von Rosebud, meinem einzigen Freund, scharfen Schlitten, PKW mit noch zwei Jahren TÜV.

Rosebud ist mein Auto. Ja, mein Auto hat einen Namen. Verrückt? Entschuldigung, verrückt ist, wer Männer zum Autowaschen schickt, nur weil Besuch droht.

Schatz, was hältst du davon: Solange der Besuch kommt, verstecken wir Rosebud in der Garage! »Tolle Idee«, hat sie gesagt und dass es toll sei, dass ich endlich genug Geld für eine Garage verdient hätte, jetzt müsste ich sie ja nur noch ganz schnell bauen, bis der Besuch da ist. Okay, Rosebud hat nur einen Anwohnerparkplatz, da fühlt er sich wohl und wartet, bis ich morgens mit ihm zur Arbeit und dann abends wieder zurückfahre. Ihm kann ich alles anvertrauen. Ärger, Wut, leere Chipstüten. Rosebud ist kein BMW, er ist ein Freund. Und Freunde fährt man nicht durch eine Waschstraße!

»Mach doch, geht doch viel schneller«, hat Schatz am Handy gesagt und dann nochmal daran erinnert: Sei bitte einmal pünktlich. Egal, ob du acht oder 38 bist, wenn die Laterne an ist, musst du zu Hause sein. Okay. Das bedeutet aber noch lange nicht, dass ein Freund in der Waschstraße geopfert wird.

Was da alles passieren kann. Denken wir nur an diese gerollten Riesenwaschlappen. Als ich ein Kind war, hatten wir Handtücher aus dem gleichen Material. Ich will nicht, dass Rosebud so abgerubbelt wird wie mein damals noch volles Haar. Außerdem, wer weiß, welche Autos vorher mit diesen alten Waschlappen am Dönerspieß geschrubbt wurden?

Klar, Einzelkinder, die noch nie einen nassen Waschlappen teilen mussten, wissen nicht, was mein Auto durchstehen müsste, wenn ich es durch eine Waschstraße zwingen wollte. Autos spüren aber instinktiv, welche Gefahr von einer Waschstraße ausgeht. Sie fürchten sich vor diesen Anlagen wie der ungewaschene Fünfjährige vorm Samstag. Wäre es nicht so, würden Autos ja vergnügt durch die Waschstraßen fahren. Schon mal ein Auto gesehen, das wirklich durch die Waschstraße gefahren ist? Die Räder des Autos werden in Halterungen gezwungen und dann müssen sie förmlich durch die Anlage gezogen werden. Brutal. Noch schlimmer als damals, wenn mich mein Vater an den Ohren durchs Badewasser zog, weil ihm das Wasser zu heiß war.

Woran man sich alles erinnert, wenn man mal in aller Ruhe von der Decke einer SB-Waschanlage hängt. Es ist schon etwas unbequem hier, doch für einen Freund wie Rosebud würde ich es immer wieder tun. Frauen sind ähnlich. Geht es zum Beispiel um Schmuck. Schatz würde nie ihren Ring durch eine Waschstraße werfen. Testweise habe ich mal meinen Ehering im Besteckcontainer unserer Spülmaschine mitgespült. Sauber. Soll ich Ihnen mal meine Narbe am Trommelfell zeigen? Schatz hat so gebrüllt, dass mich Rosebud später in die Ambulanz fahren musste.

Aufbauend auf dieser Erfahrung habe ich mich dann doch auf den Weg gemacht, um mit Rosebud schnell noch durch die Waschstraße zu fahren. Er wusste erst gar nichts davon. Schonend wollte ich es ihm beibringen. Als ich es ihm dann gebeichtet habe, hat er erst mal gar nichts gesagt. Autos können ja sehr schweigsam sein, wenn es ernst wird. Kein Murren, keine Fragen, kein »Hallo, glaubt ihr im Ernst, eurem Besuch fällt überhaupt auf, dass ich gewaschen wurde? Seid ihr wirklich so sehr von der Meinung anderer abhängig?«

Muss ich mir nicht eigentlich Sorgen machen? Können Menschen mit den Minderwertigkeitskomplexen eines Z3-Cabrio-Fahrers wirklich für meinen Unterhalt aufkommen? Sollte ich nicht mal dringend mit meiner Leasingbank reden?

Rosebud hat geschwiegen, und wir haben friedlich zusammen Radio gehört, fast Stereo. Schatz hat Rosebud mal die Antenne halb abgebrochen, als sie mit ihm durch die Waschstraße gefahren ist. Ich kann ihm das nicht nochmal antun und will wenden. Plötzlich, in Stereo aus beiden Türen: »Hallo, ich wünsche mir für meinen Mann, der gerade mit seiner alten Karre durch die Waschstraße fährt, Christina Aguilera und Missy Elliot mit ›Car Wash‹, und er soll schnell machen, unser Besuch kommt eine halbe Stunde früher.«

Jetzt einen Ausweg, flehe ich. Da kam auf der rechten Seite eine SB-Waschanlage. Das war die Lösung. Handarbeit, höchstpersönlich und vor allem mit Vorsicht und nötigem Respekt wollte ich also Rosebud reinigen. Entschlossen fuhr ich auf den Hof von »Schrubbis SB-Waschanlage«. Schrubbi, eine Schildkröte, ist das Maskottchen der Waschanlage. Toll. Hier werden Autos noch ernst genommen. Während sie gewaschen werden, können sie sich die Schrubbi Leuchtreklame angucken. In meiner Kindheit gab es in der Wanne zum Angucken nur die alten Zeitungen neben dem Klo. Was für eine tolle Idee! Kinder bekommen in der Badewanne kleine Tiere aus Plastik. Schildkröten, Delphine, vielleicht sogar ein Ente! Was für eine Geschäftsidee!

Vielleicht sollte ich öfter in der SB-Waschanlage von der Decke hängen, mit solchen Ideen könnte ich reich werden und Rosebud endlich eine Garage kaufen. Sollte ich hier jemals wieder wegkommen, werden Rosebud und ich Plastikspielzeug für die Badewanne verkaufen. Markenname – Quietscheente. Stück fünf Token. Nein, keine Euro. Der kluge Geschäftsmann, und dazu gehören auch SB-Waschanlagen-Pächter, handelt mit Token.

Das wusste ich nicht, als ich mit meinen völlig veralteten Euroscheinen 30 Minuten in der Warteschlange vor Waschbox 3 stand.

»Mit Scheine läuft hier nix, sie brauchet Toke und dann widder hinte anstehe«, säuselt die Schlange im Minivan hinter mir, just als ich Rosebud in die Box fuhr und er sich wahrscheinlich schon auf den Hochdruckstrahl auf seiner Alu-Imitat-Felge gefreut hat.

Warum steht eigentlich eine Frau hinter mir? Gehört die mit ihrem fetten A … amerikanischen Van nicht in eine vollautomatische Waschstraße? Mürrisch wieder hinten anstellen. Moment, erst mal Token. Schon von weitem war es zu lesen. Ein Token nur zwei Euro! WAS?! Die Inflation galoppiert, aber muss sie das nur, weil es um Autos geht, gleich mit 55 Pferdestärken tun?

Ein Token nur zwei Euro! Das Leben ist kein Lolli! Mit Sicherheit nimmt der blöde Automat nur Münzen. Wir haben das 21. Jahrhundert, und statt einfach mit Karte zu bezahlen, bekommen wir Token nur gegen Münzen. Und da wundern wir uns, dass immer weniger Kinder in diese Welt gesetzt werden?

Token sind sicher auch wieder die Erfindung einer Frau, die möchte, dass wir unseren einzigen Freund in Waschstraßen quälen. Dachte ich, und es reichte mir endgültig.

Wer mit den Füßen von der SB-Waschanlagendecke hängt, kann das zwar nicht so einfach, aber rückblickend möchte ich doch sagen, dass ich für all das, was anschließend passierte, eigentlich keine Schuld trage. Jeder, der »Citizen Kane« gesehen hat, weiß doch, was aus dem kleinen James Foster Kane wurde, weil er nicht mehr einfach nur glücklich mit seinem Schlitten spielen durfte. Sollten Sie statt »Citizen Kane« nur »Cocktail« mit Tom Cruise gesehen haben, kein Problem. Lesen Sie einfach, was aus mir wurde. Tu ich doch, sag endlich, wieso du da unter der Decke hängst? Hallo, keine Hektik.

Sie hocken da in aller Ruhe, mit einem Tässchen grünen Tee

und lesen. Es ist nicht so, als würden sie in Waschbox 3 mit den Beinen von der Decke baumeln.

Die Schlange mit Minivan hatte meinen Platz in Waschbox 3 belegt und dann ihr Kind zum Geldwechseln geschickt.

Ja, ich habe vorhin beklagt, es werden zu wenig Kinder in die Welt gesetzt. Doch muss es ausgerechnet jetzt sein, und warum hat es auch noch eine Hand voll Münzen und Beine, die es in rasender Geschwindigkeit in Richtung Token-Automat tragen?

Rosebud und ich sind sofort an den Automaten gerast. Wie angewurzelt stand das Mädchen vorm Automaten, während ihre Mutter, die erwähnte Schlange, mit mitgebrachten Token ihren Minivan abspritzte. Statt das Kind zu bemitleiden, weil seine Mami Token hortet und möglicherweise sogar Payback-Punkte sammelt, kam ich gleich zur Sache.

»Hier hast du einen 10-Euro-Schein für deine Münzen.« Kinder sind ja so leichtgläubig. Sie gab mir ihre Münzen.

»Danke schön. Möchten Sie auch Token? Sie könne gern zu er …«, so weit kam sie nicht mehr. Wer so ein Erbgut hat wie das Minivan-Schlangenkind, mit dem ist nicht zu spaßen, und deshalb drängelte ich mich vorbei und wollte meine Münzen in den Automaten werfen. »Der Automat nimmt aber nur Scheine oder Karte.«

Mit meinen wertlosen Münzen bin ich dann eine halbe Stunde umhergeirrt, hab wieder einen Schein draus gemacht, dann Token und schließlich stand ich wieder ganz hinten in der Schlange. Aber ich bin nicht mehr derselbe. Ich war nett und freundlich. Die Wunden, die mir das Erwachsenwerden geschlagen hat, wurden von Rosebud mit Fahrtwind gekühlt. Doch der Zwang, immer nur das zu tun, was andere von einem verlangen, bringt einen Mann dazu, ein Mann zu sein. Die ersten fünf vor mir in der Schlange überzeugte ich mit Lügengeschichten davon, schnellstens abzuhauen.

»Ihr Wagen hat ja noch super Lack, den würde ich aber nicht mit diesem harten Wasser ruinieren.« »Drüben an der automatischen Waschstraße, gibt es einen Gratisgrill mit dazu.« »Sagen Sie, glauben Sie, es stimmt wirklich, was alle sagen – wer hier Waschschaum auf die Hose bekommt, der wird impotent?« Und schließlich putzt vor mir nur die Mutter mit Kind, Minivan und mitgebrachter Bürste. Ein leichtes Spiel, das Mitbringen von Bürsten oder eigenen Waschmitteln ist streng verboten. Schnell denunziert, und schon wenig später kommt der Waschanlagenwart und Mutti muss mit Schaum auf der Karre verschwinden. Lustig. All das war sehr gemein, doch nicht meine Schuld. Ich wäre freundlich und geduldig geblieben, hätte der Mutter beim Putzen geholfen, vielleicht sogar dem Kind aus Harry Potter vorgelesen und wäre vor allem längst zu Hause und würde mit unserem Besuch unser kinderfeindliches Land bejammern. Stattdessen hatte ich mich in ein Wesen verwandelt, dessen Herz so kalt ist wie das Wasser aus dem Hochdruckstrahl. Dessen Wut auf seine Umwelt so schäumt wie die Schaumbürste und dessen Egoismus so weit geht, dass ich den Waschwart zwang, mir 200 Euro in Token zu wechseln, nur um ganz sicherzugehen, dass ich auf lange Zeit der Einzige sein werde, der seinen Rosebud in Waschbox 3 wienert.

Dann volle Konzentration aufs Waschprogramm. Vorwäsche mit Hochdruck. Soll ich erst die Spritzpistole aus der Halterung nehmen oder den Token einwerfen? Natürlich erst die Spritzpistole. Da stehe ich wie Arnold Schwarzenegger im Terminator mit meiner Wasserwumme in der Hand. Haben Österreicher SB-Waschanlagen entworfen? Es ist unmöglich, jetzt mit der anderen Hand den Token einzuwerfen, weil überm Einwurfschlitz ein Plastikding hängt. Wasserwumme zurück in den Halfter, Plastikmatte hoch, Token rein, Wasserwumme aus dem Halfter ziehen.

Nichts passiert. Der Token ist durchgefallen und liegt in der Pfütze. Nächstes Mal nehm ich Handschuhe mit. Münze rein. Zehn Sekunden vergewissern, dass sie auch wirklich durchgefallen ist, gut. Moment mal, zehn Sekunden von den 90 sind ja dann schon abgelaufen, also nur noch 80 Sekunden Hochdruckreinigung. Schnell die Wasserwumme wieder aus dem Halfter ziehen. Wieder nichts! Ich drücke. Nichts. Ich schau mir die Bürste genauer an. Bürste? Bürste. Jetzt fällt auch mir auf, von der Decke hängen zwei Schläuche, einer geht zur Waschharpune mit Bürste. An der Bürste steh ich. Der andere, gegenüber, droht zu platzen mit Hochdruck. Ich greife die Harpune, drücke. So viel Rückstoß für nur einen Token – enorm.

Ich komme vor dem Tokenwechsler zum Liegen, bleibe es aber nicht, sondern beginne endlich mit der Hochdruckreinigung. Wie ein Jedi-Ritter schwinge ich die Harpune. Was für eine blöde Welt, in der schon in den 70ern Lichtschwerter erfunden worden sind, die ganz ohne Kabel leuchten. Bis heute braucht eigentlich kein Mensch ein Lichtschwert. Trotzdem werden sie immer weiter entwickelt, denke ich, während ich über den Schlauch der Wasserharpune stolpere, übrigens nicht zum ersten Mal. Es muss Episode acht oder neun sein. Wieso hat George Lucas nicht nach einem »Krieg der Sterne« aufgehört und Wasserharpunen ohne Schlauch erfunden? Stolz hätten wir SB-Waschanlagen Merchandising gekauft.

Trösten wir uns. Was war nochmal der Grund, warum wir statt in der Waschstraße nasse Füße in der SB-Waschbox haben wollten? Nun, liebe Leserin, hier musst du beispielsweise nicht die Antenne abschrauben. Sicher, dafür haben Frauen an öffentlichen Waschstraßen tankende Männer, die sich die Finger blutig drehen. Unsere Gesellschaft ist aber noch nicht soweit, dass ich mich trauen würde, andere Männer zu bitten, an meiner schon halb abgebrochenen Antenne zu drehen.

Hier in der SB-Waschanlage kann ich sie dranlassen. Toll, was für ein Vorteil, da spritzt du doch gleich mit doppeltem Elan über den Kühlergrill, spülst begeistert Kotflügel, strahlst die Beifahrertür ab, dringst vor zum He … Heck … Hey? Die Wasserharpune klemmt. Ein kräftiger Zug.

Es war nicht nur meine Schuld. Wenn sich Wasch- und Bürstenschlauch nicht so dämlich verheddert hätten – also auch mit der halbabgebrochenen Antenne. Da hättest du noch doller ziehen können, die Antenne würde jetzt nicht ganz abgebrochen neben dem Auto liegen.

Was soll's, wichtiger ist ja auch, dass im Gegensatz zu Waschstraßen SB-Waschanlagen viel umweltbewusster sind! Stelle ich selbsttröstend fest, als ich an der braunen, blauen und schwarzen Tonne stehe und meine Antenne entsorg … in der Tonne mit der Aufschrift »Abgebrochene Antennen«.

Nun ist das Auto schon mal hochdruckgereinigt. Wir heben wieder die eklige Plastikabdeckung hoch, drehen den Knopf auf Schaumwäsche, schmeißen den Token ein. Es schäumt, und wie es schäumt. Na also. Vergessen die kleinen Startschwierigkeiten. Es schäumt.

»Danke!«, sagt eine Stimme in Waschbox 2, wo ich versehentlich meinen Token eingeworfen habe.

Nicht verzweifeln, einseifen. Token in den Kasten, Schaumwäsche angeschaltet. Die 90 Sekunden laufen, der Schaum nicht. Kann noch kommen. Geduld. Kein Schaum. Vielleicht schäumt es erst ab zwei Token. Nichts.

Drei Token? Fünf? Schaum! Vor meinem Mund. Und dann ganz plötzlich überall. Was ist das? Eine SB-Waschanlage oder eine große Flasche mit weißem Ketchup? Rosebud steht plötzlich bis zum Innenspiegel in Waschmayo.

Vielleicht etwas üppig. Trotzdem wird der Schaum jetzt mit der Bürste vorsichtig eingearbeitet. So sauber wird kein Auto in der Waschstraße! – Und von Hose und Haaren ganz zu schweigen.

Gut, es gibt Schlimmeres.

Und das sage ich nicht nur, weil ich immer noch von der Decke der Waschbox 3 hänge. Auch weil ich von oben bis unten durchnässt bin, meine Jeans überm Knie ein Loch hat, der Handyakku leer ist und immer wieder einige der Token aus meiner Tasche in den Abfluss fallen. Dort befindet sich übrigens auch mein Ehering. Ich war gerade fertig mit Hochdruck, Schaum und Feinwäsche, hab Rosebud schon aus der Box gefahren und dann gemerkt, ich muss den Ring verloren haben. Sofort schmerzte meine Narbe im Ohr. Ich bin zurückgerannt, auf der Suche nach dem Ring, sah ihn im Abfluss, rutschte auf dem Boden rum, verhedderte mich mal wieder in den Schläuchen, und plötzlich wurde ich hochgezogen.

Da hänge ich also nun und das, wie gesagt, alles nur, weil ich nicht selbst entscheiden durfte, wann meine Kindheit zu Ende ist und wann ich freiwillig mein Spielzeugauto an die nächste Generation weiterreiche. Nehmen Sie es als Warnung. Es ist sinnvoll, wenn ihr Partner manchmal einfach nur allein mit seinem Auto sein will. Er sucht den Kontakt zu den glücklichen Momenten seiner Kindheit. Er und sein inzwischen etwas größer gewordenes Spielzeugauto. Das ist nicht kindisch und albern. Das ist die Wiedererkennung seines guten Kerns. Männer, die öfter mit ihren Autos zusammen sind, werden Sie nie bei einem Amoklauf in der SB-Waschanlage beobachten können. Schumi schon mal in einer Waschstraße gesehen? Der ist viel zu gutmütig. Er darf immer noch im Kreis rumfahren und hat damit auch das meiste Geld verdient. Oder Porschefahrer? Karrieregeile Männer sind nur so lange wirklich rücksichtslos und ehrgeizig, bis sie endlich ihren Porsche haben. Dann werden sie lockerer und wieder Kind. Oder wenigstens Teenager, deshalb haben sie ja auch Freundinnen im selben Alter.

Ja, im Angesicht des Untergangs begreift man die grundlegenden Dinge.

Erst wenn wir Männer selbst entscheiden dürfen, wann der Zeitpunkt gekommen ist, weniger mit Autos zu spielen, erst dann sollte die Umwelt Wünsche anmelden. Tut sie es früher, entwickeln sich die Personen zu Charakteren wie James Foster Kane und ich. Uns bleibt dann immer nur der einsame Tod, und da ich schon langsam kein Gefühl mehr in den Beinen habe, scheint der Tod nun auch den letzten Token in meinen Waschautomaten zu werfen. Schade. Sagen Sie Schatz bitte nicht, dass der Ring im Abfluss gelandet ist. Sie wissen ja, wie Frauen sind, wenn es um Schmuck geht. Hallo? Nein, ich dachte, es wäre jetzt doch noch jemand gekommen. Aber wenn man einen Raser braucht, der einen Lackschaden beseitigen will, dann fahren die gerade mit 240 zu dicht auf einen Kleinwagen auf. Moment mal, die haben doch Spaß mit ihrem Auto. Warum sind die dann rücksichtslos und gemein, so ganz ohne verkürzte Kindheit? Weil Männer mit verkürzter Kindheit nichts mit Vollidioten wie einem Raser gemeinsam haben. 240-Stundenkilomter-Fahrer sind blöd geboren. So viel Weisheit nun aus der SB-Waschanlage. Es hätte anders kommen können, aber sollte nicht. Bringen Sie Ihr Dasein möglichst unbeschadet zu Ende, lassen Sie Ihren Partner öfter mal einfach Autofahren, haben Sie immer ein paar Token extra in der Tasche, und ich schließe nun mit einem Blick auf mein frisch gewaschenes Auto.

Ach … Rosebud!

Kai der Kobold

•
•
•

Eine Frau, jung, attraktiv, selbständig …

»Danke schön.«

… fährt mit ihrem Neuwagen zur Zulassungsstelle.

Brumm Brummmmmm.

Dort angekommen, sucht sie verzweifelt einen Parkplatz. Da plötzlich sitzt auf ihrem Getränkehalter Kai der Kobold.

»Igitt, was bist denn du für ein kleines Männchen mit wenig Haaren und Brille?«

»Ich bin Kai der Kobold und erfülle dir drei Wünsche.«

»Okay, ich hätte gerne sofort einen Parkplatz direkt vor der Zulassungsstelle.«

Kai der Kobold, sagt »Piff-Paff-Puff!«, und schon tut sich eine Parklücke auf.

Die junge Frau geht in die Zulassungsstelle, dort ist bereits eine lange Schlange.

»Ich möchte gerne, dass sich die Schlange in Luft auflöst.«

Piff-Paff-Puff. Die Schlange ist weg.

»Was ist dein dritter Wunsch?«, fragt Kai der Kobold.

»Ich möchte gerne von einem supernetten, sehr attraktiven, wohlhabenden Zulassungsstellen-Mitarbeiter bedient werden, der sich in mich verliebt und mir später total romantisch zu Hause das Nummernschild anschraubt.«

»Äh«, sagt Kai der Kobold, »das ist aber echt also, schwer … ginge vielleicht auch was anderes?«

»Okay. Du sorgst dafür, dass mein neuer Telekom-Anschluss mit Telefon und DSL-Flatrate innerhalb von einem Tag funktioniert und ich das mit der Zulassung online erledigen kann.«

Da meint Kai der Kobold: »Soll er das Nummernschild in deiner oder in seiner Garage für dich anschrauben?«

L
E
B
E
N
S
K
I
S
T
ERLEBNISORIENTIERT
N

Nach dem Weg fragen

Eine mir nicht bekannte Freundin von uns heiratet. Da gibt es doch jetzt diese gefühlvollen Grußbotschaften für besondere Anlässe. Richtig, SMS. Eine tolle Idee, vor allem für so was. Diskret und ohne dem, sicher sehr verliebten, Brautpaar auf die Nerven zu gehen, wünschen wir schnell alles Gute und das auch schon mal vorsorglich für die Geburt des ersten Kindes. Leider reicht das nicht. Ja, sollen wir etwa was schicken? Ein Fläschchen Wein? Da ist noch eins, was es am Weltspartag als Geschenk gab.

»Wir beide gehören zum ganz engen Kreis derer, die zur Hochzeitsfeier eingeladen wurden, da können wir auf keinen Fall wegbleiben.«

Nie würde ich wegbleiben wollen, es ist ja nur, dass ich an besagtem Datum, nächsten Samstag … genau da habe ich leider Grippe. Geschäftsessen, Beerdigungen, wirklich alles hätte ich verschoben, aber ohne Witz, wenn es um meine eigene Erkältung geht, da bin ich unabkömmlich. Eine Vase fliegt in meine Richtung und knallt neben mir an die Wand. Aus zwei Gründen schade. Hätte ich mich schnell genug ins Porzellan geworfen, hätte ich zu meiner Grippe noch eine Gehirnerschütterung gehabt und zweitens: Das hässliche Ding wäre obendrein das optimale Hochzeitsgeschenk gewesen.

»Komm mit!« Könnte Schatz wenigstens bitte sagen. »Ich bitte dich nie um was.« Ach ja, stimmt ja. »Nur dieses eine Mal möchte ich, dass wir da zusammen hingehen, das ist echt wichtig.«

Das Leben ist kein Lolli, und deshalb sitze ich am darauf folgenden Samstag auf dem Weg zur Hochzeit. Wir fahren aufs Land. Schatz am Steuer, auf meinem Schoß liegt seit Abfahrt eine Route, geplant von *www.dalang.de.*

»Wenigstens für diese Fahrt hätten wir uns endlich ein Navigationsgerät kaufen können.« Damit mich zwei Frauenstimmen in den Wahnsinn treiben? Nein, Danke schön. Die Straßen werden schmaler.

Es riecht auch schon nach Ziege, und die Meine fragt mal wieder, warum ausgerechnet in ihrem Auto der einzige Typ auf der Welt sitzen muss, der Hochzeiten hasst? Weil alle anderen mit vorgetäuschter Grippe zu Hause geblieben sind. Die Antwort stimmt, aber es gibt auch noch eine Reihe von tiefgründigeren Erkenntnissen. Bei einer Hochzeit versprechen sich zwei Erwachsene unter Zeugen etwas, was meistens nicht klappt. Sie suchen das Glück gemeinsam. Dann feiert doch allein! Das macht euch glücklich. Weil aber jeder für sich Angst hat, dass sie sich ausgerechnet an diesem Tag zu Tode langweilen, werden ganz schnell alle Freunde gerufen, damit bloß nichts schiefgeht. Vorpubertär! Wie die 10-Jährigen, die beim allerersten Date in ihrem Leben in Grüppchen ins Kino gehen und anschließend zu McDonald's. Hier sind Kinder mal wieder viel weiter als Erwachsene. Statt bei der dämlichen Hochzeit schnell einen Burger runterzudrücken und zu sagen, schöne Ehe, tschüss – gibt es Hochzeitsmenü. Wenn sich das Brautpaar wirklich lieben würde, dann würden die nicht an einem langen Tisch sitzen wollen, sondern lang im Bett liegen. Von mir aus können die dort praktizierten Stellungen vorher genauestens festgelegt werden. Aber keiner redet mal mit dem Hochzeitsplaner über die wirklich wichtigen Dinge. »Was meinen Sie, soll ich erst oben oder vielleicht sollten wir erst im Aufzug? Was ist denn gerade Trend, nackt oder im Dunkeln?« Eine nicht unwichtige Frage, wie-was-wann-von-hinten, diskutiert der Hochzeitsplaner mit dem Paar nur im Hinblick auf die Frage, ob die Suppe hinterm Lachs kommt. Wenn sich das Paar wirklich lieben würde, dann würde die hupende Hochzeitskolonne einmal durch den Drive-in und ab in die Flitterwochen rollen.

»Du hast keine Ahnung von Romantik.« Es ist wirklich sehr

romantisch, wenn ein junges verliebtes Paar nichts Besseres zu tun hat, als Listen anzufertigen, um sie an Freunde zu schicken, damit die auch genau wissen, was sie kaufen sollen.

Wer früher romantisch war, hat es auf dem Tisch getrieben. Morgens, mittags, abends. Jetzt stellen sie »Hochzeitstische« online zusammen, morgens, mittags und abends. Da müssen wir wenigen guten Freunde nur draufklicken. Alle Sachen für unter 50 Euro sind bereits bestellt, aber keine Sorge, das Paar wünscht sich außerdem eine Waschmaschine, Doppelhaushälften oder das Studium für den Erstgeborenen – einfach in den Warenkorb legen. Das Paar, ach was, die konsumgierige Zweckgemeinschaft ist durchschaut. Anhalten, wenden, nach Hause fahren. Leider ist es mal wieder zu spät. Auf dem Rücksitz liegt hübsch verpackt mein in ein Designer-Geschirr verwandeltes Privatvermögen, und Schatz drückt auch aufs Gas, damit wir endlich in Ziegen-Köttelhausen ankommen. Geschmollt wird auch noch. Toll. Als gäbe es auch nur einen einzigen vernünftigen Mann auf der ganzen weiten Welt, der an meiner Stelle hier im Auto sitzen würde, um diesen verlogenen Schwachsinn mitzumachen. Da können Sie mir auch keinen nennen, oder?

Obwohl ich Schatz gar nicht gefragt habe, sagt sie: »Charlie.« Charlie! Das bitte nicht auch noch. Ein Volldepp, der eigentlich Karl-Uwe heißt und irgendwann mal mit Schatz zusammen war, dann aber auch mit der Freundin, die heute einen anderen heiratet, was aber eigentlich keine Rolle spielt. Die Braut hatte etwas mit dem Gast, der kommt, obwohl er gerade eine schwere Scheidung durchmacht, außerdem war sie mal mit dem netten Hochzeitsdekorateur zusammen, der jetzt schwul ist. Das Catering macht auch jemand, der weiß, wie die Schenkel der Braut unverpackt aussehen, bis hin zum Hochzeits-DJ sind eigentlich alle, also … Na ja, wenn das ein Buch nur für Männer wäre, würde ich den Begriff benutzen, so möchte ich das Wort »Lochschwager« wirklich nicht gehört haben. Ja sind wir hier denn bei einer Hochzeit nachts um drei und liegen stockbesoffen mit der hässlichen Schwägerin unterm Tisch?

Nein, wir sind in einem Auto und inzwischen dabei, uns ordentlich zu verfahren. Zunächst aber noch eine Frage zu der Dame in Weiß, die wir mit etwas Unglück bald erreicht haben werden. Darf die Braut wirklich in Weiß heiraten? Ist sie Sünderin? Sollen wir schnell irgendwo einen Stein leihen und vor allem … mussten wir da nicht gerade rechts?

Schatz befiehlt, ich soll mal da vorne nach dem Weg fragen. Ich halte meine Karte vors Gesicht und tue so, als hätte ich nichts gehört.

»Stell dich nicht schon wieder so an!«, meckert sie.

Doch! Ich frage keine Fremden nach dem Weg. So bin ich halt. Es folgen Unterstellungen, ich sei verklemmt wie die Fenster meines Autos. »Toll, jetzt wird mein armes Auto, das mich seit Jahren sicher und ohne elektrische Fensterheber von A nach B gebracht hat, übel beschimpft. Kurbeln hat Klasse. Das ist das genaue Gegenteil von einem Hochzeitstisch – Understatement und Stil. Hätten sich deine Freunde zur Hochzeit eine Tube Autopolitur gewünscht, das hätte Stil gehabt.«

»Könntest du bitte klassisch kurbeln und nach dem Weg fragen!«, fordert Schatz genervt.

Warum? Warum soll ich überhaupt mit fremden Menschen reden? Wenn ich mehr mit Menschen reden würde, hätte ich einen besseren Job, stichelt die Fahrzeuglenkerin. Ein neues Auto, vielleicht sogar mit Navigationsgerät so wie – und noch bevor sie Charlie sagen kann, klopft ein armer Mann an die Scheibe, den Schatz während unsere Diskussion fast in seine Mülltonne geschoben hätte.

Ich kurble runter, sie brüllt die Frage nach dem Weg an mir vorbei.

»Nix verstehen«, antwort der Fremde.

Ich grinse. Sie gibt Gas, hält kurz drauf wieder und murmelt: »Kurbel, Kommunikationskrüppel!« Jetzt will sie nur noch selber fragen. Bitte schön, aber auch das schmerzt. Schatz lehnt sich immer über mich rüber, bohrt ihren Ellebogen in meinen Bauch, während ihr wegbeschreibende Landwirte in den Ausschnitt starren.

»Wissen Sie, wo hier die nächste Hochzeit ist?«

»Nix verstehen.«

Ich versuche es in Lautschrift: »Ding dong, jaja, saufsauf, pimperpimper, hau-stech, Scheidung.«

Er zeigt auf einen Bauernhof, vielleicht seiner? Er macht seinen Flachmann auf, nimmt einen kurzen Schluck und küsst mich auf die Backe. Wir rasen besser los, bevor er mit mir eine Hochzeitstischliste online erstellen möchte.

Wenig später geht es nur noch rechts oder links. Schatz ist sicher: »Der Bauer hat links gesagt.« Er hat doch gar nichts gesagt! Es kommt das dämlichste Argument in der Geschichte der Fortbewegung mit kraftfahrzeugsteuerpflichtigen Fahrzeugen: »Es geht links, denn links sieht es viel mehr nach Hochzeit aus.«

Schluss, jetzt frage ich, wo es langgeht. Wir kommen an eine Ampel, neben uns ein Motorrad. In Gedanken übe ich meinen Einstieg. Entschuldigung, können Sie mir sagen ... offenbar aufgeschreckt von meinem Kurbelgeräusch, dreht der Biker sich mit seinem silbernen Helm zu mir. Er trägt einen Smoking aus Nappaleder und ist mindestens zwei Meter groß. Unterm Helm blinzelt langes volles Haar hervor. Hinter ihm wartet geduldig eine Kolonne mit Lieferwagen. Auf dem ersten steht Waschmaschinen, auf dem zweiten Doppelhaushälften, auf dem dritten Studienabschlüsse. Jetzt öffnet sich langsam und elektrisch das schwarze Visier des Helms. Ich sage noch: Lass uns schnell weiterfahren, wir wollen doch nicht zu spät kommen. Da schreit Schatz: »Ja, was machst du denn hier, Charlie?«

Tanzen

Schon im Alter von sechs Monaten tanzten viele meiner Bekannten vorm Fernseher mit voller Windel zur Titelmusik des Auslandsjournals. Die stolzen Eltern riefen: Großes Talent, Travolta. Auch wenn ihr Blag eigentlich aussah wie der Duracel-Hase auf Netzstrom. Mein Vater sagte immer: »Geh aus dem Bild und wechsel deine Windel.«

Die körperliche Bewegung im Rhythmus von Musik habe ich also nicht von Kindesbeinen an gelernt. Ohnedies waren wir eher ein unmusikalischer Haushalt. Kein Klavier, keine Orgel, »nur die kleine Arschgeige«, würde mein Vater jetzt ergänzen. Wahrscheinlich hätte ich nie das Tanzen auch nur überhaupt ausprobiert, wenn meine Eltern nicht darauf verzichtet hätten, Kindersicherungen in die Steckdosen zu machen. So stand ich also im Alter von 18 Monaten, glücklicherweise nur ganz kurz, unter Strom und tanzte. Wieder hielten es meine Eltern nicht für nötig, mein Talent zu erkennen oder mich wenigstens zum breakdancen ins Kinderzimmer zu schicken. Papi meinte nur: »Geh ins Bad, und kämme dir deine Haare glatt.«

Als ich drei Jahre später mit wieder glatten Haaren aus dem Bad kam, musste ich sofort in den Kindergarten, dann Vorschule und Grundschule. Kurz, ich war beruflich viel zu eingespannt, um mir eine Zerstreuung wie Tanzen überhaupt erlauben zu können. Selbstverständlich war mir klar, dass es für mein späteres gesellschaftliches Leben von großer Bedeutung sein wird, und so tanzte ich jeden Nachmittag zu den Platten meines großen Bruders. Es war nicht unbedingt erkennbar, ob ich nun Standard oder eher in Richtung Lateinamerikanisch tanzte, mag seine Ursache auch darin haben, dass mein Bruder weder Max Greger noch Bee Gees-Platten hatte, sondern nur »Pumuckel« und der »Räuber Hotzenplotz«.

Eines Tages packte dann Frau Buchberger im Fach Leibesertüchtigung eine Tambourine aus, und wir sollten uns im Takt ihres Schlages rhythmisch bewegen. Um die Mitschüler meiner Klasse mal so richtig von den Socken zu holen, improvisierte ich meinen Pumuckeltanz. Erst als das dritte Ärzteteam meinen Eltern und Frau Buchberger verbindlich erklärte, dass bei mir auch nicht das geringste Anzeichen einer Erbkrankheit, allerdings auch keinerlei Rhythmusgefühl vorliegt, durfte ich Tage später das Krankenhaus verlassen. Seitdem habe ich mich nie wieder von Musik, Fernsehtitelmelodien, nicht mal von Kinderhörspielen, zum Tanzen hinreißen lassen. Auch später, als alle in die Tanzschule gingen – ich hatte eine schriftliche Entschuldigung. Als Begründung, wahlweise Darmgrippe, verschleppte Erkältung, manchmal schrieb meine Mutter sogar die Wahrheit, also Rhythmuslegasthenie. So wollte mich meine, dankenswerterweise inzwischen alleinerziehende Mutter schützen. Sie sagte: »Junge, geh nicht zum Tanzunterricht. Es ist doch schon schlimm genug, dass du beim Völkerball nie gewählt wirst.«

Ich bin also ohne Tanzen groß geworden und habe trotzdem unheimlich viele Rechte. Wenn wir mal von dem männlichen Recht auf zu Hause bleiben absehen. Jedes Wochenende habe ich das Recht zu Hause zu bleiben. Ich muss nicht ausgehen. Wenn ich wirklich möchte, kann ich im Schutz meiner teuer angemieteten Höhle bleiben und sogar »Pumuckel« hören, wenn mir danach ist.

Schatz erinnert mich: »Aber wenn du dann mitkommst, macht es dir doch auch immer Spaß.« Schnell gelingt es mir zu beweisen, dass sie mich gerade mal wieder mit ihrem Ex-Freund verwechselt. »Stimmt«, unterstreicht sie schmollend, »manchmal denke ich, es wäre vielleicht auch besser gewesen, ich wäre heute noch mit ihm zusammen, anstatt immer alleine loszuziehen, weil du ein Stubenhocker bist.« Mal vom etwas staubigen Wortschatz abgesehen, Schatz ist doch sehr charmant. Deshalb sitze ich wenige Minuten später statt in der sicheren Höhle im Auto, und wir fahren in die Gaudidisco.

Entschuldigung? Wenn ich mich schon zu einem Discobesuch herablasse, dann doch bitte in einen Club mit so coolem Namen wie »Sugar Shake«, »Xanadu« oder »Osho's«. Solche Namen gäbe es seit den 80ern schon nicht mehr für Discotheken, wir seien in Deutschland und deshalb heißen die Erlebnislokale wie Obstbäume oder Aufbewahrungsstätten für Rinderfutter. Ei wie pfundig. Sich hier aufzuregen, geht nicht. Für die folgenden Stunden brauchen wir die ganze Konzentration, um schlussendlich nicht getanzt zu haben und wieder heimzukehren. Eigentlich kein Problem. Es gibt die schriftliche Vereinbarung: Kai muss nicht tanzen. Nicht nur haben wir einen mehrseitigen Vertrag, der unter anderem auch explizit die Vorgehensweise für Hochzeiten, Lottogewinn, ja selbst für Trunkenheit, regelt, und immer läuft es auf dasselbe hinaus. Ich muss nicht tanzen. Meiner Partnerin ist also klar, dass ich aufgrund meiner schweren Kindheitserlebnisse vom Tanzen befreit bin. Erwähnte Erlebnisse will sie sogar schon 1000-mal gehört haben.

Doch kaum bricht mir der Türsteher am Eingang der Zappelhütte mit einem Drucksache-Stempel erfolgreich den Handrücken, ruft sie wieder:

»Heute tanzt du aber mal mit!« Offenbar ist beim Betreten der Diskothek nicht nur schlagartig mein Trommelfell geplatzt, sondern auch eine Perlenkette brillanter Argumente, aufgereiht in ihrem Gedächtnis, um eine Frage von dieser Grausamkeit für immer unmöglich zu machen.

Ein letztes Mal will ich es ihr erklären, doch die Schmerzen sind zu groß. Meine baldige Ex-Freundin schleift gerade meinen Angst erstarrten Körper auf die Tanzfläche und reißt mir dabei den Arm aus dem Rumpf.

Gelähmt stehe ich da, die Farben der Lichter wechseln fast so schnell wie die Farbe meines Gesichts. Zunächst peinlich rot, dann angstweiß, und dann hat meine Gesicht keine Farbe mehr, weil es im Angstschweiß untergeht.

Andere Tänzer rempeln mich inzwischen an. Immer noch bewege ich mich nicht. Schatz springt vor mir auf und ab. Fürsorglich erkunde ich, ob sie mit ihren Händen oder den Füßen in einer Steckdose steckt. Nichts. Bewegungslos starre ich sie an, bis sie mich an die Hand nimmt und von der Tanzfläche geleitet. Dabei reißt sie mir meinen zweiten Arm aus dem Rumpf. Körperlich, aber noch mehr seelisch tief verletzt, stehe ich allein an der Bar und halte mich an meinem einzigen Freund fest. Einem Apfelsaft. Die mir einst sehr vertraute fremde Frau tanzt nun erst allein und dann mit einem fremden Sittenstrolch/Triebtäter, der auf jeder Seite acht Arme hat.

Bleib ganz ruhig, denke ich, doch Freund Apfelsaft mahnt: »Achtung, den würd ich nicht unterschätzen, das ist der Swayze von Sinzheim.«

Ich kenne keinen Swayze. Der Saft erklärt: »Patrick Swayze, 8. Oktober 1987, Deutschlandpremiere ›Dirty Dancing‹, der hat die Schnitten reihenweise ge …«

Ängstlich trinke ich einen Schluck und glaube dem Saft. So wie er schmeckt, war er schon vor ’87 abgestanden. In diesem Augenblick tanzt Swayze schon in der Entfernung von großzügig geschätzten 20 Zentimetern zu den Hüften meines Weibes. Wer jetzt argumentiert, das sei in einer überfüllten Großraumdisco ganz normal und hat nichts zu bedeuten, den versteh ich nicht, denn in dieser dämlichen Großraumdisco ist es schweinelaut. Das Licht wird immer hektischer und dunkler. Na, aber das da habe ich deutlich gesehen, da war die Hand von Swayze auf einem Hintern. Das kann, das muss, das war der Po von Schatz. Entschlossen gehe ich auf Swayze zu. Der meint: »Was gibt es denn, Pumuckel?«

Kurz drauf erwache ich aus einer Ohnmacht. Beim Versuch, Herrn Swayze Prügel anzudrohen, muss ich wohl gegen seine Faust gelaufen sein.

Schatz hat nicht gesehen, was los war, sie hatte schon eine Viertelstunde früher eine Freundin getroffen.

Beide waren auf dem Klo, als ich der Länge nach auf der Tanzfläche lag. Einen Whisky-Cola an die Stirn haltend, sitze ich händchenhaltend mit Schatz in einer Kuschelecke. Mein Einsatz hat sich gelohnt. Für Schatz bin ich ein Kindskopf/Idiot/Held. Sie verspricht, mich nie wieder um einen Tanz zu bitten. Danke, dann gelobe ich weiterhin, samstags auf mein sicheres Heim zu verzichten und wirklich alles außer Tanzen auszuprobieren. In diesem Moment wird ein Scheinwerfer auf mich gerichtet und der DJ ruft: Karaoke!

Weihnachtsgeschenke

•
•
•

Wir haben's gleich. Das Buch. Es kann natürlich auch sein, dass schon wieder das Jahr langsam zu Ende geht. Passt prima, denn nun kommt eine weihnachtliche Geschichte. Lesen Sie diese Seiten im Hochsommer im Ferienclub, dann vielleicht schnell ein Eis bestellen, oder ich mach schnell einen kühlen Witz. Sagt Kermit im Restaurant: »Herr Ober, in meiner Suppe ist keine Fliege.«

Toll, da sind wir schon bei Temperaturen unter Null. Die Vorweihnachtszeit ist da. Kommt überraschend und immer früher. Mal ehrlich, war nicht gerade erst noch Hochsommer? Entschlossen stoßen mein Auto und ich in die City vor. Weil Autos in Deutschland keine Kreditkarten bekommen, kaufen sie selten im Internet ein, und obendrein sind schon alle Weihnachtssonderangebote ausverkauft. Schlimmer noch, jetzt soll ein Geschenk organisiert werden, das meine Mutter … Sekunde, mein Handy vibriert. Hallo? … Mami? … Nein … Ich sage niemandem, dass du deiner Nichte Schuhe schenken möchtest. Klar, das Christkind bringt die Geschenke. Ja, Mami, 39 stimmt. Ich bin 39 Jahre alt … Ach so, die Größe ja. Tschüss. Mein Auto und ich sind also unterwegs im Auftrag des Christkinds. Es wollte erst nicht mit. Ist nicht angesprungen, dann fuhren wir aber doch hier an den Rand der Fußgängerzone, und jetzt suche ich … einen Parkplatz. Soll das ein Scherz sein? Das habe ich schon vor einer Stunde aufgegeben und mein Auto in einer Ausfahrt weggeschmissen. Gesucht werden Skateboardschuhe, Marke Circafootwear, CX 702 in navy, Größe 39. Wie gesagt, für die Lieblingsnichte meiner Mutter. Preis 100 Euro. 100 Euro?! Seit wann hat denn das Christkind 100 Euro für Nichten? Mal ehrlich, druckt das Christkind irgendwo heimlich Geld? Als wir

Kinder waren, da hatte das Christkind ein paar Mandarinen, Nüsse und eine nicht mehr ganz neue Hose, die der meines großen Bruders verteufelt ähnlich sah.

Unfassbar, was Kinder heutzutage alles zu Weihnachten bekommen. Fehlt doch nur noch, dass hier die Parkplätze für Großväter eingepackt werden, die ihren Enkeln auch mal was anderes bieten möchten als immer nur die neuste S-Klasse. Überschuldet sich eigentlich das Christkind oder guckt es einfach aus der Wäsche wie Merkel und fordert von uns allen mehr Geld? Interessante These, die wir hier, im Schuhgeschäft angekommen, aber nicht weiterverfolgen können. Ein Mann allein in der Frauenabteilung wird nämlich immer sofort gefragt. Die Verkäuferinnen denken möglicherweise: »Hoffentlich ist das kein Perverser, der sich Frauenschuhe kaufen möchte, uns reicht schon dieser seltsame Student, der vor dem Laden sitzt und sich einen langen weißen Bart angeklebt hat.«

Mit gespielter Freundlichkeit sagt die Schuhverkäuferin: »So, wir suchen also ein schönes Geschenk für die Gattin?«

Als ich sage, es sei für die Nichte, guckt sie mich so angewidert an, als hätte ich mir gerade ein Paar Prada-Puschen an den Fuß gezogen. Sie verschwindet für ein paar Monate im Lager. Als sie zurückkommt, schöpft sie ihr Freundlichkeitspotenzial zur Neige aus mit den Worten: »Den CX 702 in navy gibt es nur in Amerika.«

Danke, und auch dafür, dass Sie durchs Lager bis nach Amerika gelaufen sind, um sich vor Ort zu erkundigen. Enttäuscht werde ich ins Fußgängerzonengewühl zurückgeschubst. Schnee nieselt in meinen Nacken, ein Rentner mit Regenschirm möchte sich zu Weihnachten offenbar mein Auge an den Baum hängen. Schon sticht er fast zu, da fährt ihm eine dieser reizenden vorweihnachtlichen Mütter mit besonders großem Kinderwagen in die Hacken. Selbstverständlich sollen noch acht Monate alte Babys gerade in der Vorweihnachtszeit durch die Fußgängerzone geschoben werden. Diese Mischung aus Drängeln und Glühwein macht es doch erst möglich, dass die Kleinen glauben, die Geschenke bringt das Christkind. Mit Mami fahr ich nur durch die Fußgängerzone zum Rentnerrammen.

Als Nächstes stoße ich mit einer weinenden Frau zusammen. »ÄhhmPeee3Plahhyer120Giehgah«, weint sie, und mir fällt es schwer, das Geheule dem passenden Migrantenhintergrund zuzuordnen. »I soll für unsern Bubä en ÄhmP3 Pleiyer gaufe.« Jetzt haben wir's. Das arme Ding kommt aus Schwaben, hat sich im badischen Karlsruhe verlaufen und hat von Technik absolut keine Ahnung. »Ich han von Dechnig apsolud gei Ahnung.« Es ist schon der 23. Dezember nach 14 Uhr. Jetzt unverblümt die Wahrheit sagen, davon rät jeder feinfühlige Mensch dringend ab. Es könnte bei der gestressten Teenagermutter eine sofortige Ohnmacht auslösen.

»120 Gigabyte Player, so was gibt es nur in den USA«, sage ich, nur um festzustellen, ob es stimmt. Die Frau liegt im Schnee. Es stimmt also. Langsam kommt sie wieder zu sich und murmelt: »Ameriga? Wieso gibt es denn älles nur in Ameriga?« Jeder feinfühlige Mensch würde jetzt dringend empfehlen, nicht gleich mit der Wahrheit rauszuplatzen, aber was soll's, die im Schnee schlotternde Schwäbin und auch Sie zu Hause mit ihren selbst gebackenen Muffins und dem Tässchen Starbuckskaffee sollen es wissen. Wir Deutschen haben ein Problem, denn wir Deutschen glauben nicht mehr an den Weihnachtsmann!

Nur deshalb gibt es die begehrten Geschenke ausschließlich in den Santa-Claus-Staaten und den Petit-Papa-Noël-Nationen. Ausgangspunkt war ein Gespräch am Nordpol. Schon länger her. Es war kalt. Es war die Vorweihnachtszeit, und Ruprecht, der Knecht, nebenbei ein Vetter von Kai, dem Kobold, war auf dem Weg zum Chef. Der treue Angestellte des Weihnachtsmanns öffnete die etwas quietschende Tür vom Weihnachtsmann-Büro. Da saß der ehrwürdige Weihnachtsmann mit Namen Klaus bei einem Tässchen Punsch, rieb sich den Bart und sagte: »Scheiße, Ruprecht, die Tür müsste echt mal geölt werden.« Ruprecht nickte, und dann wollte der Weihnachtsmann die Wunschzettel der deutschen Kinder sehen.

Ruprecht war das mächtig peinlich. Er hatte Wunschzettel aus den USA, England und Frankreich, säckeweise. Die Wunschzettel der Deutschen waren hingegen nicht mal halb gefüllt. Traurig guckte da der Weihnachtsmann, und Ruprecht begann zu erklären.

»Weißt du, Chef, die Deutschen, die haben ganz umgestellt aufs Christkind. Das ist so ein kleines Kind, jünger, frischer, kommt auch schon am 24. abends.«

Der Weihnachtsmann war noch trauriger und mächtig enttäuscht. Ruprecht wollte ihn selbstverständlich trösten und erklärte ihm seine berufliche Zukunft: »Statt Weihnachtsmann bist Du ab jetzt in Deutschland der Nikolaus und kommst immer am 6. Dezember, da bleibt also noch ein Arbeitstag in Deutschland.«

»Was soll ich denn mit nur einem Arbeitstag?«, polterte der Weihnachtsmann. »Ja bin ich denn der St. Martin, oder was? Fuck the Germans, und zwar big time!«

So war das. Seitdem haben wir das Christkind an der Backe. Klein, blond und null Logistik. Der Weihnachtsmann, der hat wenigstens einen Schlitten, und in Amerika sogar einen Truck-Konvoi mit Cola trinkenden Eisbären als Fahrer!

Aber wir verlassen uns bei den Geschenken lieber auf ein KIND! … und als Nächstes? Geben wir Geschenke noch zur Post, oder was? Ernsthaft, wenn wir schon vor einem Jahr den Weihnachtsmann zurückgeholt hätten, alle Geschenke wären vorrätig gewesen, vielleicht sogar Flachbildfernseher, die ein vernünftiges Bild haben. Deshalb, liebe Landsleute, lasst uns wieder nur noch an den Weihnachtsmann glauben. Der alte Hase … äh … der Routinier ist sicher nicht nachtragend, und wenn wir jetzt schreiben, dann geht Ruprecht schon morgen zum Chef ins Weihnachtsmann-Büro. Behutsam öffnet er die leicht quietschende Tür und berichtet:

»Chef, die Deutschen schreiben wieder.« Zufrieden wird der Weihnachtsmann nicken, und dann wird Ruprecht feststellen, dass immer noch eine Riesenladung von MP-3-Playern-120 GB aus China rumliegen.

Der Weihnachtsmann hat selbstverständlich sofort einen Plan. »Pack die Dinger auf den Schlitten, und wir fahren in die deutschen Fußgängerzonen, Kinder auf den Schoß nehmen, bisschen bimmeln, alle glücklich machen.«

Ruprecht wird voll Elan loslegen. Doch bevor die beiden losziehen und endlich die südamerikanischen Panflötenspieler aus den Fußgängerzonen vertreiben, wird der Weihnachtsmann ihm zurufen.

»Scheiße, aber zuerst öl diese dämliche Tür!«

Nothelfer

Weil das Leben kein Lolli ist, überleben wir nur mit Menschen, die uns aus größerer Not immer wieder mit Toleranz, Mut, Geduld, gutem Essen und Liebe heraushelfen.

Ich danke meiner Frau Dorsy für ihre Liebe und dafür, dass wir schon so lange gemeinsam reisen und sie es geduldig erträgt, dass ich zu selten nach dem Weg frage.

Felix Rudloff und dem Team des S. Fischer Verlages danke ich für die Chance, dieses Buch zu schreiben.

A BIG Thank You goes out to Mika and Darinka Hizak for being the best friends you can meet in California and the world. Thank you Dr. Bert Krasnoff.

Danke an Alex Chris Rudolph, Claus und Sissy, Karsten, Mami, Monika Doerper und alle Radiomenschen, die sich die Zeit genommen haben, mir etwas beizubringen.

Vielen Dank an alle SWR3-Hörer und alle SWR3-Macher.

Bernhard Finkbeiner, Hans-Jörg Brekle

Frag Mutti

Das Handbuch nicht nur für Junggesellen

Band 16937

Irgendwann erwischt es dich: Du fliegst aus dem »Hotel Mama«. Knallhart siehst du dich plötzlich dem schonungslosen Alltag ausgesetzt. Waschen, putzen, kochen – was früher im Wunder-Mutterland wie ein weit entfernter Fluch klang, musst du jetzt ganz alleine bewältigen. Zwei Junggesellen, die diese schwere Schule durchlitten haben, helfen mit wertvollen Tipps und Tricks, die erste Zeit im K(r)ampf mit den alltäglichen Tätigkeiten zu meistern. Alles ist garantiert alltagserprobt – und nach intensiver Lektüre ist der Anruf bei »Mutti« bald überflüssig ...

»Auch erfahrene Hausfrauen können noch dazu lernen.«
brigitte.de

Das Buch zur »mit Abstand nützlichsten Website der Welt«
Sat.1

Fischer Taschenbuch Verlag

fi 16937 / 1

Eric T. Hansen

Planet Germany

Eine Expedition in die Heimat des Hawaii-Toasts

Band 17324

Willkommen auf Planet Germany!

Warum tun sich die Deutschen so schwer mit ihrer Identität? Weil sie sonst keine Deutschen wären, meint der Amerikaner Eric T. Hansen, der seit nunmehr zwanzig Jahren das nasskalte Deutschland dem sonnigen Hawaii vorzieht. Was er in diesen Jahren über uns Deutsche herausgefunden hat, ist oft komisch, gelegentlich verblüffend, aber immer erhellend, klug und vor allem unterhaltsam.

Fischer Taschenbuch Verlag

fi 17324 / 1

Tommy Jaud
Vollidiot
Der Roman
Band 16360

Nicht alle Männer sind Idioten. Einige sind Vollidioten.

Irgendwas läuft schief bei Simon, aber gründlich. Die richtige Frau steht zum falschen Zeitpunkt vor der Saunatür. In den eigenen vier Wänden drohen kroatische Übersprungshandlungen, im Fitnessstudio lauert Killerschwuchtel Popeye, in der persischen Cocktailbar sitzen Pulp-Fiction-Luftfahrthasen und im Spanischkurs zwei Hackfressen mit Betonpullovern. Aus einem Tag am Meer werden zwei Minuten im Separee der horizontalen Verkeilungen. Da helfen weder Paula-Tipps noch Schlemmerfilets. Und wenn man sich am Ende auch noch so richtig ›versimst‹, dann steht plötzlich ein kleiner Mann mit einem großen Bierkasten vor der Tür …

»Krallen Sie sich am Sofa fest,
Sie hüpfen sonst vor Lachen.«
Denglers Buchkritik, BILD am SONNTAG

»Skurril, trendy, amüsant. Tommy Jauds absurde Komik
ist perfekt für Singles, die ihr Dasein
nicht zum Lachen finden – hier können sie es!«
Freundin

Fischer Taschenbuch Verlag

fi 16360 / 1